2024

TAX

税金ポケットブック

近代セールス社

はじめに

「税金はむずかしくてよく分からない」との声を金融機関の職員から聞くことが多くあります。金融という経済社会の中枢にたずさわり，利子税等の源泉徴収義務者である金融機関の職員でさえこうなのですから，一般顧客の税知識はおして知るべしです。

ここに金融マンが税金に強くなりたい源泉があります。税金に強くなることで顧客に感謝され信頼が得られます。利子を払う時に，預金を勧誘する時に，また融資を実行する時に，税金の説明を少しするだけでも，顧客は「なるほど」と思うでしょう。しかし，それだけにとどまっていては他の金融機関職員と大差はありません。

税金は，預貯金等だけでなく，給与，土地等の資産，そしてあらゆる「儲け」についてかかってきます。金融マンも顧客も税金に囲まれて暮らしているのです。税金アドバイスは，あらゆる場面で可能であり，それを積極的に実践することが求められます。

本書は，税金のうち所得税，土地・建物にかかる税金，相続税について基本的な事項を中心に解説しています。ポケットブックですから全体像を解説することは難しく，ポイントを絞った解説になっています。業務の場面で，本書が何かのお役に立てれば幸いです。

ただし，個別具体的な質問等や税務の詳細については，税理士等の専門家にご相談ください。

なお，本書は2024年４月１日現在の法令に基づいて解説しています。その他，変更，改定等がありましたら，当社ホームページ（https://www.kindai-sales.co.jp/）上で随時お知らせします。

2024年４月

近代セールス社

もくじ

序　章　令和6年　税制改正のポイント

第1章　所得税の基本

第２章　土地・建物にかかる税金

第３章　相続と相続税

序　章

令和6年　税制改正のポイント

1 令和６年度改正①――所得税・個人住民税

◇定額減税

令和６年分の所得税について，居住者の所得税額から定額による特別控除額を控除する。ただし，その者の令和６年分の所得税にかかる合計所得金額が1,805万円（給与収入の場合2,000万円）以下の者が対象であり，高額所得者や非居住者は対象外となっている。適用年度は現状令和６年限りの規定。

特別控除の金額は，①本人３万円，②同一生計配偶者または扶養家族１人につき３万円であり，①＋②の合計額。ただしその合計額がその者の所得税額を超える場合には所得税額を限度とする。

大まかな言い方をすると，所得税が24万円（月々の源泉徴収税額が２万円）の親子（妻と小学生１人）の場合，本人３万円，配偶者（控除対象者）と子ども各３万円の９万円（３万円×３人）が定額減税として控除される。

ここでいう「同一生計配偶者」とは，生計を一にする配偶者（青色事業専従者等を除く）で，合計所得金額が48万円以下である者をいう（所得税法２条三十四）。したがって配偶者の収入が給与のみの場合，103万円（48万円＋55万円給与所得控除）以下の配偶者が控除額３万円の対象となる。

しかし配偶者特別控除の適用を受けているような源泉控除対象配偶者（本人の合計所得金額が900万円以下で配偶者の合計所得金額が95万円以下，給与収入の場合150万円以下）は，控除３万円の対象外となる（配偶者本人の定額減税の対象にはなる）。

また，控除対象扶養親族ではなく「扶養親族」が対象となるため，小学生などの年少扶養親族（16歳未満の扶養親族）がいる場合についても，控除額３万円の対象となる。

住民税は，特別控除の額はそれぞれ１万円となっている。

定額減税の実施方法等については，「給与所得者の場合」「年金所得者の場合」「事業所得者等の場合」で異なる（図表）。

図表　定額減税

	所得税		住民税	
項目	内容	備考	内容	備考
適用期間	令和６年	１年のみ	令和６年度	１年のみ
対象者	合計所得金額1,805万円（給与収入2,000万円）以下の者	令和６年分所得	合計所得金額1,805万円（給与収入2,000万円）以下の者	令和５年分所得
控除額	本人３万円	本人の所得税額を限度	本人１万円	本人の所得割を限度
	同一生計配偶者または扶養親族１人につき３万円	居住者のみ	同一生計配偶者または扶養親族１人につき１万円	本人の合計所得金額が1,000万円を超える場合には同一生計配偶者分の特別控除は令和７年度分から控除
	（注）同一生計配偶者は源泉控除対象配偶者で合計所得金額が48万円以下（給与収入103万円以下）	配偶者特別控除の対象者（103万円超150万円以下）は対象外。ただし本人として適用	（注）同一生計配偶者は源泉控除対象配偶者で合計所得金額が48万円以下（給与収入103万円以下）	配偶者特別控除の取扱いは所得税と同じ
実施方法	（給与所得者の場合）		（給与所得者で特別徴収の場合）	
	令和６年６月以降の源泉徴収税額から順次控除	控除できなければ翌月から	令和６年６月は特別徴収しない	
			令和６年７月～令和７年５月までは特別徴収後の金額の1/11を徴収	
	（年金所得者の場合）		（年金所得者で特別徴収の場合）	
	令和６年６月以降の源泉徴収税額から順次控除	控除できなければ翌月から	令和６年10月以降の源泉徴収税額から順次控除	控除できなければ翌月から
	（事業所得者等の場合）		（普通徴収の場合）	
	（予定納税がある場合）７月の予定納税額から本人分のみ（３万円）を控除する	原則，同一生計配偶者分等は確定申告	普通徴収の第１期分から順次控除	控除できなければ第２期分から
	（予定納税がない場合）確定申告の際に控除する			

（出所）税理士法人 柴原事務所作成

2 令和６年度改正②——土地住宅税制

◇住宅ローン控除等の改正

子育て世帯・若者夫婦世帯（年齢40歳未満で配偶者を有する者，年齢40歳以上で年齢40歳未満の配偶者を有する者または年齢19歳未満の扶養親族を有する者（(子育て）特例対象個人という)）が認定住宅等の新築もしくは建築後使用されたことのないものの取得または買取再販認定住宅等の取得（認定住宅等の新築等）をし，令和６年１月１日から同年12月31日までの間に居住用に供した場合，（子育て）特例対象個人の借入限度額を従前の限度額として，図表にある住宅ローン控除の適用をする。

つまり，子育て世帯・若者夫婦世帯について，長期優良住宅・低炭素住宅では5,000万円，ZEH水準省エネ住宅では4,500万円，省エネ基準適合住宅では4,000万円の住宅ローン控除を利用できる。

住宅ローン控除の主な適用要件

			2022年（令和4年）	2023年（令和5年）	2024年（令和6年）	2025年（令和7年）
借入限度額	新築住宅買取再販	長期優良住宅・低炭素住宅	5,000万円		4,500万円（子育て世帯・若者夫婦世帯※5,000万円）	4,500万円
		ZEH水準省エネ住宅	4,500万円		3,500万円（子育て世帯・若者夫婦世帯※4,500万円）	3,500万円
		省エネ基準適合住宅	4,000万円		3,000万円（子育て世帯・若者夫婦世帯※4,000万円）	3,000万円
		その他の住宅	3,000万円		0万円（2023年までに新築の確認：2,000万円）	
	既存住宅	長期優良住宅・低炭素住宅・ZEH水準省エネ住宅・省エネ基準適合住宅	3,000万円			
		その他の住宅	2,000万円			
控除期間		新築住宅・買取再販	13年（「その他の住宅」は、2024年以降の入居の場合、10年）			
		既存住宅	10年			
所得要件			2,000万円			
床面積要件			50m²（新築の場合。2024（令和6）年までに建築確認：40m²。所得要件1,000万円）			

※「19歳未満の子を有する世帯」または「夫婦のいずれかが40歳未満の世帯」
（注）網掛け部分は，令和７年税制改正で検討予定
（出所）「令和６年度国土交通省税制改正概要」より抜粋

ここでいう認定住宅等とは，認定住宅（認定長期優良住宅，認定低炭素住宅），ZEH水準省エネ住宅および省エネ基準適合住宅を指す。

認定住宅等の新築または建築後使用されたことのないものの取得の床面積要件の緩和措置につき，令和６年12月31日以前に建築確認を受けた家屋も適用できる。

なお，買取再販認定住宅等とは，認定住宅等である既存住宅のうち，宅地建物取引業者により一定の増改築等が行われたものをいう。

◇再建住宅借入金の借入限度額の上乗せ（東日本大震災の被災者等の住宅ローン控除）

（子育て）特例対象個人である住宅被災者が認定住宅等の新築等をし，令和６年１月１日から同年12月31日までの間に居住の用に供した場合，再建住宅借入金等の年末残高の借入限度額を上乗せし，住宅ローン控除の適用ができる。

住宅区分	借入限度額
認定住宅	5,000万円
ZEH水準省エネ住宅	
省エネ基準適合住宅	

（出所）税理士法人 柴原事務所作成

3 令和６年度改正③——法人税

◇賃上げ促進税制

一定の要件を満たしたうえで，前年度より給与等の支給額を増加させた場合，その増加額の一部を法人税（個人事業主は所得税）から税額控除できる制度。大企業向け，中堅企業（新設）向け，中小企業向けがあり，それぞれ適用要件や税額控除率が異なる。

なお，令和６年４月１日から令和９年３月31日までの間に開始する事業年度に適用。

（1）大企業のケース

大企業は，従来資本金１億円超の法人が適用対象であったが，中堅企業が新設されたことにより，「資本金１億円超かつ従業員2,000人超」の法人が大企業向けの賃上げ促進税制の対象となる。

継続雇用者給与等支給額が前年度より増加した場合に税額控除ができる制度。原則税額控除率は15％だが一定要件を満たすと控除率が上乗せされる。上乗せ措置については図表のように「Ⅰ～Ⅲ」の措置がある。

なお今回の改正により，控除率が最高30％から35％に拡大。

（2）中堅企業のケース

「従業員2,000人以下」の法人は，新たに「中堅企業」として別枠が設けられた。資本金が１億円超でも従業員数が2,000人以下であれば中堅企業に該当する。

中堅企業の税額控除率は図表のとおり。

（3）中小企業のケース

「資本金１億円以下」の中小企業については上乗せ措置が見直され，控除率が最高40％から45％へ拡大された。

また，赤字企業に対しても賃上げを促すため，適用年度の法人税額から控除しきれない控除額がある場合に最大５年間の繰越しが可能となる。ただし，繰越税額控除を適用する事業年度において，雇用者給与等支給額が前年度より増加している必要がある。

企業別賃上げ促進税制

<table>
<tr><th></th><th>中小企業</th><th>中堅企業</th><th>大企業</th></tr>
<tr><td>通常要件</td><td>・適用要件
雇用者給与等支給額が前年度より1.5％以上増加
・税額控除
控除対象雇用者給与等支給増加額×15％</td><td>大企業向けと同様</td><td>・適用要件
継続雇用者給与等支給額が前年度より３％以上増加
・税額控除
控除対象雇用者給与等増加額×10％</td></tr>
<tr><td>上乗せ措置Ⅰ</td><td>・適用要件
雇用者給与等支給額が前年度より2.5％以上増加
・税額控除
税額控除率を15％上乗せ</td><td>・適用要件
継続雇用者給与等支給額が前年度より４％以上増加
・税額控除
税額控除率を15％上乗せ</td><td>継続雇用者給与等支給額の増加割合に応じて税額控除率を上乗せ<table><tr><th>給与等の増加割合</th><th>税額控除率</th></tr><tr><td>４％以上</td><td>５％上乗せ</td></tr><tr><td>５％以上</td><td>10％上乗せ</td></tr><tr><td>７％以上</td><td>15％上乗せ</td></tr></table></td></tr>
<tr><td>上乗せ措置Ⅱ</td><td>・適用要件
教育訓練費が前年度より５％以上増加，かつ，教育訓練費が雇用者給与等支給額の0.05％以上
・税額控除
税額控除率を10％上乗せ</td><td>大企業向けと同様</td><td>・適用要件
教育訓練費が前年度より10％以上増加かつ教育訓練費が雇用者給与等支給額の0.05％以上
・税額控除
税額控除率を５％上乗せ</td></tr>
<tr><td>上乗せ措置Ⅲ</td><td>・適用要件
プラチナくるみん認定もしくはプラチナえるぼし認定を受けている場合，またはくるみん認定もしくはえるぼし認定（２段階目以上）を受けている場合
・税額控除
税額控除率を５％上乗せ</td><td>・適用要件
プラチナくるみん認定もしくはプラチナえるぼし認定を受けている場合，またはえるぼし認定（３段階目）を受けている場合
・税額控除
税額控除率を５％上乗せ</td><td>・適用要件
プラチナくるみん認定またはプラチナえるぼし認定を受けている場合
・税額控除
税額控除率を５％上乗せ</td></tr>
</table>

（注）上記通常要件，上乗せ措置Ⅰ～Ⅲの税額控除は，法人税額の20％を限度

（出所）税理士法人 柴原事務所作成

4 令和６年度改正④――金融証券税制

◇税制適格ストックオプションの改正

スタートアップ企業の資金面や人材面での課題を税制面から後押しすることを目的として，税制適格ストックオプションの適用要件および適用対象者について一部拡充・見直しがされる。

権利行使により交付される株式の保管委託要件の緩和として，次の①②を満たすストックオプションを上場前に権利行使する場合，証券会社への株式の保管委託が不要となる。

①権利行使により交付される株式が譲渡制限株式であること

②ストックオプションを発行した会社自身により当該譲渡制限株式の管理がされること

これにより，これまで保管委託要件を満たすことが難しかった非上場株式会社は自社での管理が認められることにより，税制適格ストックオプションの活用が進むことが見込まれる。

また，１年あたりの権利行使価額の限度額が1,200万円から最大3,600万円まで引き上げられる。

これにより１人当たりに付与するストックオプションの数が増え，早期に権利行使するタイミングを計ることができる。

１年当たりの権利行使価額の限度額

		非上場	上場
設立５年未満		2,400万円	2,400万円
設立５年以上20年未満	非上場	3,600万円	――
	上場後５年未満	――	3,600万円
	上場後５年以上	――	1,200万円
設立後20年以上		1,200万円	1,200万円

（出所）税理士法人 柴原事務所作成

5 令和6年度改正⑤――相続・贈与税（令和5年9月28日法令解釈通達）

◇居住用マンションの評価方法の新設

令和６年度税制改正大綱ではないものの令和５年９月28日法令解釈通達により，令和６年１月１日以後に相続，遺贈または贈与により取得した居住用の区分所有財産の評価方法が新設された。マンションの相続税評価において，近年，高層マンションの価格が高騰していることから評価方法が実態に即していないケースが少なくないための措置。

対象となるのは「居住用」マンションであり，事務所や店舗は対象外。居住用であっても，地階を除く階数が２以下のものや居住用に供する専有部分１室の数が３以下であってそのすべてを当該区分所有者またはその親族の居住の用に供するものは現行通りである。

なお，タワーマンションだけが対象ではなく普通マンションでも対象となるケースがある点には注意。

新設された評価方法の計算式は次のとおりであるが，相当複雑であるためここでは詳細は省く。

改正後の相続税評価額＝①区分所有権の価額＋②敷地利用権の価額
①区分所有権の価額＝従来の区分所有権の価額×区分所有補正率
②敷地利用権の価額＝従来の敷地利用権の価額×区分所有補正率

区分所有補正率は，時価と評価額がどれくらい乖離しているかを示すものであり，評価乖離率から算出する。

評価乖離率＝Ａ＋Ｂ＋Ｃ＋Ｄ＋3.220
Ａ：築年数×－0.033
Ｂ：地階を除く総階数÷33×0.239
Ｃ：所在階×0.018
Ｄ：敷地面積に敷地権割合を乗じて算出した数値に専有部分の床面積で除した数値に－1.195を乗じる

計算式はかなり複雑であるが，国税庁のウェブサイトには，エクセル形式の計算ツールが用意されている。

6 令和6年度改正⑥——令和7年度で結論を得る事項

◇要するに……

令和６年度の税制改正で予定されていたものの決まらずに，「**令和７年度の税制改正大綱で結論を得る**」とされているものもあり，来年度以降の課題となっている事項がいくつかある。

◇扶養控除の改正

児童手当の所得制限の撤廃と高校生時代までの支給期間の延長に合わせて，16歳～18歳までの扶養控除が38万円から25万円に引き下げられる。

◇生命保険控除の改正

23歳未満の扶養親族がいる場合には，一般の新生命保険料の控除限度額が４万円から６万円に引き上げられる。一般生命保険料，個人年金保険料，介護医療保険料の合計適用限度額についてはこれまでの12万円から変更はない。

◇ひとり親控除と寡婦控除の改正

ひとり親控除は，本人の合計所得金額要件が「500万円」から「1,000万円」に緩和され，控除額も35万円から38万円に引き上げられる。

なお寡婦控除については，大綱に記載はない。

<table>
<tr><td rowspan="3">区分</td><td>ひとり親控除額</td><td colspan="2">寡婦控除額（女性のみ）</td></tr>
<tr><td colspan="2">扶養親族あり</td><td rowspan="2">扶養親族なし</td></tr>
<tr><td>子どもあり</td><td>子どもなし</td></tr>
<tr><td>死別・生死不明</td><td>38万円（35万円）</td><td>27万円</td><td>27万円</td></tr>
<tr><td>離婚</td><td>38万円（35万円）</td><td>27万円</td><td>——</td></tr>
<tr><td>未婚</td><td>38万円（35万円）</td><td>——</td><td></td></tr>
</table>

※カッコ内は変更前。

（出所）税理士法人 柴原事務所作成

第１章

所得税の基本

1 所得税とはどんな税金か

◇要するに……

所得税は，個人がその年の1月1日から12月31日までに得た収入から，その収入を得るためにかかった経費を差し引いた「儲け」である所得を対象にして課税される税金である。

計算に際しては，「応能負担の原則」を守るために，所得控除や超過累進課税制度が適用されている。

◇暦年（れきねん）課税である

所得税は，1暦年間（1月1日～12月31日）の所得にかかる。これに対し法人税は，事業年度にかかるという特徴を持っている。

例えば4月に入社した新入社員が，12月までに300万円の収入があったとすれば，その年の1～3月に収入がなければ300万円が年収となる。

◇総合課税が原則である

個人が1年間に得た多種多様の所得は，その性質や担税力などの理由から次の10種類のいずれかに分類される。そして最終的には，すべての所得を総合して課税するのが原則である。

10種類の所得とは

利子所得，配当所得，不動産所得，事業所得，給与所得，
退職所得，山林所得，譲渡所得，一時所得，雑所得

新入社員などで給与所得のみの時は，これだけが総所得金額となる。

◇「収入－経費＝所得」である

所得とは，収入から，その収入を得るため要した必要経費を差し引いた金額のことである。

例えば給与収入を300万円とした時の所得は，あらかじめ給与所得控除額が定められているので，これを経費として300万円から差

し引けばよい。結果は202万円になる。

給与所得金額＝収入金額－給与所得控除額

〈例〉
収入金額300万円の場合
給与所得控除額
300万円×30%+8万円＝98万円
給与所得金額
300万円－98万円=202万円

収入金額	給与所得控除額
162.5万円以下	55万円
162.5万円超 180万円以下	収入金額×40% － 10万円※
180 万円超 360万円以下	収入金額×30% ＋ 8万円
360 万円超 660万円以下	収入金額×20% ＋ 44万円
660 万円超 850万円以下	収入金額×10% ＋110万円
850 万円超	195万円

※マイナスなので注意

◇各個人の特殊事情を考慮するために所得控除の制度がある

所得控除は15種類あり，人的控除（配偶者控除，扶養控除など）と災害損失・医療費・保険料関連の控除に大きく分けられる。

給与収入300万円の人が支払った社会保険料が44万円，基礎控除が48万円で他に所得控除の額がないとすると，所得控除の合計額は92万円である。これを差し引いたものが課税所得金額である。

課税所得金額＝総所得金額－所得控除の合計額

したがって，課税所得金額は202万円－92万円＝110万円となる。

◇超過累進課税制度である

所得税は，各個人の課税所得金額に対し，５％から45％までの７段階にわたる超過累進税率により課税される。超過累進税率とは，所得が多くなるにしたがって段階的に高くなる税率のことである。

課税所得金額	税率
195万円以下	5%
195万円超 330万円以下	10%
330万円超 695万円以下	20%
695万円超 900万円以下	23%
900万円超1,800万円以下	33%
1,800万円超4,000万円以下	40%
4,000万円超	45%

課税所得金額が110万円の場合，税率は５％である。

110万円×５％＝5.5万円

この5.5万円が算出税額といわれるものである。

◇申告納税制度

所得税は，各人が自分の所得税を計算して申告，納付することになっている。ただし，徴税の便宜を考慮した源泉徴収制度もある。

2 超過累進税率とは

◇要するに……

わが国に限らず，先進諸国においては「超過累進課税制度」が採用されている。わが国の所得税，相続税，贈与税などは，超過累進税率となっている。

◇超過すれば累進する

課税所得が5,000万円の場合にかかる税額は，次のように計算する。

所得税の税率

課税所得金額	税率
195万円以下	5%
195万円超　330万円以下	10%
330万円超　695万円以下	20%
695万円超　900万円以下	23%
900万円超1,800万円以下	33%
1,800万円超4,000万円以下	40%
4,000万円超	45%

①195万円以下の**部分**

195万円×５％＝9.75万円

②195万円超330万円以下の**部分**

(330万円－195万円)×10％＝13.5万円

③330万円超695万円以下の**部分**

(695万円－330万円)×20％＝73万円

④695万円超900万円以下の**部分**

(900万円－695万円)×23％＝47.15万円

⑤900万円超1,800万円以下の**部分**

(1,800万円－900万円)×33％＝297万円

⑥1,800万円超4,000万円以下の**部分**

(4,000万円－1,800万円)×40％＝880万円

⑦4,000万円超の**部分**

(5,000万円－4,000万円)×45％＝450万円

算出税額（①＋②＋③＋④＋⑤＋⑥＋⑦）＝1,770.4万円

これを図示すると次のようになる。

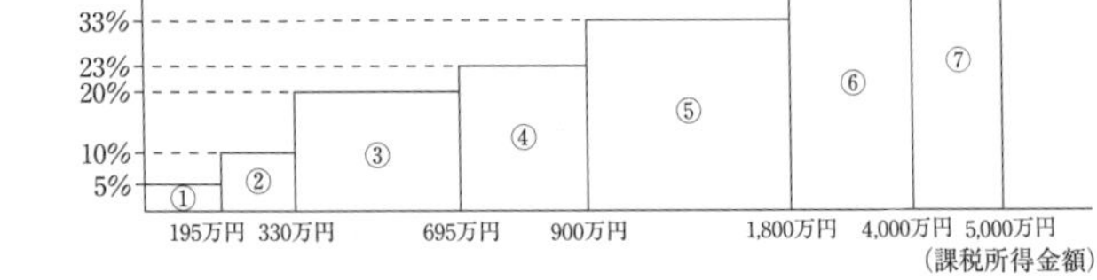

(税率)45%
40%
33%
23%
20%
10%
5%
① ② ③ ④ ⑤ ⑥ ⑦
195万円 330万円 695万円 900万円 1,800万円 4,000万円 5,000万円
(課税所得金額)

このように計算すると「超過累進課税の仕組み」は分かりやすいが，計算するには手間がかかる。そこで考え出されたのが「税額速算表」である。

所得税の税額速算表

課税所得金額		税率	控除額
	195万円以下	5%	
195万円超	330万円以下	10%	9.75万円
330万円超	695万円以下	20%	42.75万円
695万円超	900万円以下	23%	63.6万円
900万円超	1,800万円以下	33%	153.6万円
1,800万円超	4,000万円以下	40%	279.6万円
4,000万円超		45%	479.6万円

（算式）課税所得金額×税率－控除額＝所得税額

これを使えば，「5,000万円×45％－479.6万円＝1,770.4万円」というように一発で算出税額が計算できる。ポイントは速算表の控除額にある。速算控除額は下図のⒶ〜Ⓕの部分である。

したがって，全体の面積からⒶ〜Ⓕを差し引いたものが税額となる。

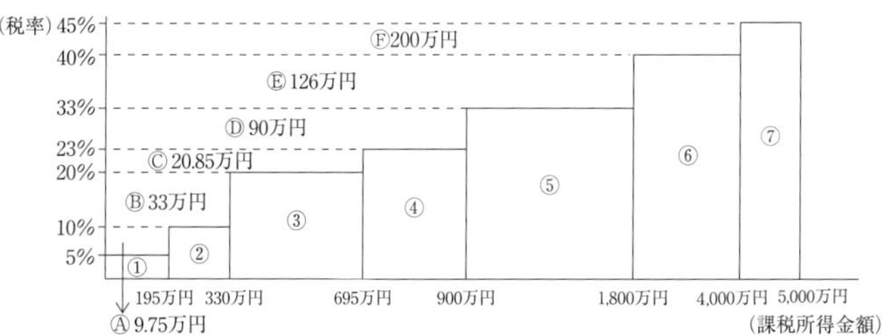

すなわち，課税所得5,000万円の人の税金は，5,000万円に税率45％を乗じて，そこから図のⒶ＋Ⓑ＋Ⓒ＋Ⓓ＋Ⓔ＋Ⓕを引けばよい。これで①＋②＋③＋④＋⑤＋⑥＋⑦の金額が出る。速算表は便利にできている。

◇所得が増えても増えた部分の税率分が増加するだけ

課税所得5,000万円が7,000万円にアップしたとする。「4,000万円を超えているので45％の3,150万円を税金で持っていかれる」と嘆いたら，これは間違い。課税所得7,000万円の税金は課税所得5,000万円の税金1,770.4万円に，増えた2,000万円の45％である900万円を加算した2,670.4万円である。

3 総合課税と分離課税

◇**要するに……**

所得税は，総合課税が原則だが，その所得の性格上，あるいは徴税技術上，総合課税から分離して課税されるものがある。

分離課税には，申告分離課税と源泉分離課税とがある。

◇**総合課税となる所得**

総合課税となる所得は，配当所得（申告不要分などを除く），不動産所得，事業所得，給与所得，土地・建物および株式等以外の譲渡所得，一時所得（源泉分離課税分を除く）および雑所得である。

◇**分離課税となる所得**

分離課税は，特定の所得について，他の所得と合算せずに申告し他の所得の多寡に関係なく特別に決められた税率を適用して税金を計算する方法である。

次の所得などが主な（申告）分離課税となっている。

・退職所得……退職金は老後の生活保障的な機能を有することから税負担を緩和する必要があるために分離課税とされている。

・山林所得……樹木を育てるには長い年数が必要であり，山林所得は長年の成果が伐採した年に一時に実現するものである。他の所得と総合すると税金が高くなることから分離課税とし，税率の緩和を図っている。

・土地建物等にかかる短期譲渡所得……土地の投機的取引を抑制し地価を安定させるためには，他の所得と区分し税率を適用する必要がある。

・土地建物等にかかる長期譲渡所得……土地の供給促進を図るためには，他の所得と区分し軽い税率を適用する必要がある。

・土地等にかかる事業所得・雑所得……不動産の譲渡を事業として営んでいる者（不動産業者）が，短期保有の土地等を譲渡した場合に重課するため（ただし平成10年１月１日から令和８年３月31

日までの間の譲渡については適用なし)。

・株式等にかかる譲渡所得等の金額……有価証券取引の把握が困難なことから，株式等の譲渡による所得については，実質的に公平な課税を確保するために他の所得と区分して課税する。

所得税の課税形態

課税方法	内容および特徴	適用される所得の範囲
総合課税	総合課税される所得は，確定申告の対象となる。したがって，その収入時に所得税が天引きされているもの(これを源泉徴収という)であっても，原則として確定申告をしなければならない(ただし，給与所得者については年末調整を行うことによって確定申告をしなくてもよい) 総合課税の対象となる所得については，その各種所得の金額を合算し，所得控除を差し引いた残額に「超過累進税率」を乗じて税額を計算する	①配当所得(申告不要分，申告分離課税を除く) ②不動産所得 ③事業所得 ④給与所得 ⑤土地建物等および株式等以外の譲渡所得 ⑥一時所得(源泉分離課税分を除く) ⑦雑所得
(申告)分離課税	特定の所得について他の所得と合算せずに，申告されたその特定の所得にだけ特別に決められた税率(退職所得，山林所得を除き，ほとんどが「比例税率」)を適用して税額の計算をする課税方法。 分離課税されることにより他の所得の多寡に関係なく税額が算出されることになる	①退職所得 ②山林所得 ③土地建物等にかかる短期譲渡所得 ④土地建物等にかかる長期譲渡所得 ⑤土地等にかかる事業所得・雑所得(平成10年1月1日～令和8年3月31日は分離課税の適用なし) ⑥株式等にかかる譲渡所得等の金額 ⑦配当所得(総合課税，申告不要を除く) ⑧特定公社債等の利子等 ⑨一般公社債等の利子等(一定の場合を除く)
源泉分離課税	源泉分離課税とは，特別に設定された税率(すべて「比例税率」)を乗じて計算した税額を受取時に天引きするだけで，その所得に対する課税関係が完了する課税方法をいう 源泉分離課税を適用することによる税額計算上の効果は「(申告)分離課税」と同じだが，この方法によればこの所得については確定申告が不要となる点が「(申告)分離課税」とは異なる	①利子所得 ②金投資(貯蓄)口座から生じる所得 ③一時払養老(損害)保険の満期保険金または解約返戻金の保険差益(5年以内に限る) ④抵当証券の利子にかかる所得 ⑤定期積金の給付補てん金など

4 所得税が非課税とされるもの

◇要するに……

所得の中には，社会政策的配慮や担税力から非課税とされるものもある。金額の制限等があるものについては，注意が必要だ。

◇所得税法により非課税となるもの

①増加恩給，傷病賜金，遺族恩給，遺族年金，心身障害者扶養共済制度給付金，労働基準法・船員法の災害補償規定の療養給付金等
②サラリーマンの出張旅費，通勤費で，通常必要と認められる一定額（通勤費は最高月15万円），制服などの現物給付
③生活用動産の譲渡による所得（１個または１組30万円を超える宝石や貴金属などは課税される）
④抵当権の実行など，強制換価手続きによる資産の譲渡所得（債務の弁済が著しく困難な時に，債務の弁済に充当されるもの）
⑤オープン型投資信託の収益分配金のうち，元本払戻金（特別分配金）
⑥文化功労年金，ノーベル賞および特定の学術の研究もしくは芸術に関する貢献を表彰する奨励金等
⑦学資金・扶養義務の履行による金品の給付
⑧相続・遺贈や贈与による所得（相続税，贈与税が課税される）
⑨身体の傷害により支払いを受ける損害保険金，心身に加えられた損害に対する損害賠償金や慰謝料，見舞金
⑩葬祭料，香典，災害見舞金で相応なもの
⑪障害者等を対象とするマル優（元本350万円）
⑫公益信託の信託財産から生ずる所得

◇租税特別措置法により非課税となるもの

①障害者等の少額公債の利子（元本350万円）
②財形住宅・財形年金貯蓄の利子（元本合計550万円以下，なお，生命保険等にかかる財形年金貯蓄については385万円）

③納税準備預金の利子（納税以外の引出しを除く）
④国または地方公共団体に財産を寄附した場合（一定の公益法人に財産を寄附した場合を含む）の譲渡所得，雑所得，山林所得
⑤国または地方公共団体（公立博物館等を含む）に重要文化財として指定されたものを譲渡した場合の譲渡所得
⑥相続税を物納した場合の譲渡所得，山林所得
⑦オリンピック選手を顕彰する㈶日本オリンピック委員会から交付される金品で特定のもの

◇その他の法律により非課税となるもの

①雇用保険，労働者災害補償保険の保険給付
②健康保険，国民年金，厚生年金の給付（老齢年金等は課税）
③国家公務員等共済組合，地方公務員等共済組合，私立学校教職員共済組合等の給付（ただし，退職給付，休業手当金は課税）
④当せん金付証票の当せん金等（国内の宝くじの当せん金）

◇懸賞金付定期預金の懸賞金は課税

宝くじの当せん金は非課税だが，懸賞金付定期預金の懸賞金は，20％源泉分離課税で利子所得や金融類似商品と同じ扱いになっている。

懸賞金以外の旅行券や商品券はその券面額，また，貴金属，美術工芸品等は，それを受けることとなった日の価額，その他の物品については小売販売価額の60％相当額で評価され，源泉徴収される。

なお，平成25年から令和19年まで（2013年から2037年まで）の間は基準所得税額に2.1％を乗じた金額（復興特別所得税）も併せて徴収される。

5 10種類の所得と計算方法

◇要するに……

所得税の計算は，得た収入を利子，配当，不動産，事業，給与，退職，山林，譲渡，一時および雑の各所得に区分し，これらの所得ごとに定められた方法で所得金額を算出するところから始まる。

◇経費にはあらかじめ定められたものがある

所得金額は，収入から必要経費を差し引いて計算する。しかし，必要経費が見積もりにくかったり政策的な観点などの理由から，あらかじめ定められたものがある。

給与所得控除額，退職所得控除額，公的年金等控除額が，これに該当する。これにより，給与所得の金額，退職所得の金額，公的年金等にかかる雑所得の金額は，次の計算式で計算する。なお，退職所得については，軽課する意味から，さらに2分の1した金額を所得金額とする（一定の場合は2分の1課税を行わない）。

給与所得金額＝給与収入－給与所得控除額

退職所得金額＝（退職収入－退職所得控除額）$\times\frac{1}{2}$

公的年金等にかかる雑所得金額＝収入金額－公的年金等控除額

◇特別控除額が定められているもの

所得の実現に相当の年数を要するものや，経費の概念がはっきりしないものについて特別控除額が定められている。なお，土地・建物等にかかる特別控除額には国民生活や収入の性格に配慮して3,000万円，5,000万円といった高額のものもある。

・譲渡所得で総合課税のもの――50万円

・一時所得――50万円

・山林所得――50万円

・土地・建物等の譲渡所得――居住用は3,000万円，収用は5,000万円など

これらは収入から経費を差し引いた金額から，さらに差し引く。

10種類の所得と計算方法

<table>
<tr><th>所得の種類</th><th>具体的内容</th><th>所得金額の計算方法</th></tr>
<tr><td>事業所得</td><td>農業，漁業，製造業，卸小売業，サービス業等の事業による所得</td><td>総収入金額－必要経費</td></tr>
<tr><td>不動産所得</td><td>不動産，不動産上の権利，船舶，航空機の貸付による所得</td><td>総収入金額－必要経費</td></tr>
<tr><td>利子所得</td><td>公社債，預貯金の利子，ならびに公社債投資信託等の収益の分配による所得（源泉分離課税）</td><td>収入金額</td></tr>
<tr><td>配当所得</td><td>剰余金の配当，利益の配当，剰余金の分配，基金利息等による所得</td><td>収入金額－元本取得に要した負債利子</td></tr>
<tr><td>給与所得</td><td>給料，賃金，俸給，歳費，および賞与ならびに当該性質を有する給与による所得</td><td>収入金額－給与所得控除額
<table>
<tr><th>収入金額</th><th>給与所得控除額</th></tr>
<tr><td>162.5万円以下</td><td>55万円</td></tr>
<tr><td>162.5万円超　180万円以下</td><td>収入金額×40%－10万円※</td></tr>
<tr><td>180　万円超　360万円以下</td><td>収入金額×30%＋　8万円</td></tr>
<tr><td>360　万円超　660万円以下</td><td>収入金額×20%＋ 44万円</td></tr>
<tr><td>660　万円超　850万円以下</td><td>収入金額×10%＋110万円</td></tr>
<tr><td>850　万円超</td><td>195万円</td></tr>
</table>
※マイナスなので注意
（注1）特定支出（通勤費，転居費，研修費，資格取得費，帰宅旅費，勤務必要経費）の合計額が給与所得控除額の2分の1を超える場合は特定支出控除の選択ができる
（注2）一定の場合は，所得金額調整控除あり</td></tr>
<tr><td>譲渡所得</td><td>資産の譲渡による所得（営利を目的とする継続的な資産の譲渡による所得を除く）</td><td>
<table>
<tr><td>分離短期</td><td>総収入金額－（取得費＋譲渡費用）</td></tr>
<tr><td>総合短期</td><td>総収入金額－（取得費＋譲渡費用）－特別控除額（50万円Ⓐ）</td></tr>
<tr><td>分離長期</td><td>総収入金額－（取得費＋譲渡費用）－特別控除額</td></tr>
<tr><td>総合長期</td><td>総収入金額－（取得費＋譲渡費用）－特別控除額（Ⓐの残額）</td></tr>
<tr><td>株式分離</td><td>総収入金額－（取得費＋譲渡費用＋負債の利子）</td></tr>
</table></td></tr>
<tr><td>一時所得</td><td>事業等（雑所得を除く）の所得以外の所得のうち，営利を目的とする継続的行為から生じた所得以外の一時的な所得で，労務等または資産の譲渡の対価の性質を有しないもの</td><td>総収入金額－その収入を得るために支出した金額－特別控除額（50万円）</td></tr>
<tr><td>雑所得</td><td>各種所得以外の所得</td><td>公的年金等以外
（所得金額）＝（総収入金額）－（必要経費）
公的年金等
（所得金額）＝（収入金額）－（公的年金等控除額）
公的年金等控除額
<table>
<tr><th>公的年金等収入</th><th>65歳未満</th><th>公的年金等収入</th><th>65歳以上</th></tr>
<tr><td>130万円未満</td><td>60万円</td><td>330万円未満</td><td>110万円</td></tr>
<tr><td>130万円以上
410万円未満</td><td>年金収入×25%
＋27.5万円</td><td>330万円以上
410万円未満</td><td>年金収入×25%
＋27.5万円</td></tr>
<tr><td>410万円以上
770万円未満</td><td>年金収入×15%
＋68.5万円</td><td>410万円以上
770万円未満</td><td>年金収入×15%
＋68.5万円</td></tr>
<tr><td>770万円以上
1,000万円未満</td><td>年金収入×5%
＋145.5万円</td><td>770万円以上
1,000万円未満</td><td>年金収入×5%
＋145.5万円</td></tr>
<tr><td>1,000万円以上</td><td>195.5万円</td><td>1,000万円以上</td><td>195.5万円</td></tr>
</table>
（注）65歳未満かどうかは，その年の12月31日の年齢による
※上記は公的年金等に係る雑所得以外の合計所得金額が1,000万円以下の場合。1,000万円超の場合は異なる（181頁参照）</td></tr>
<tr><td>山林所得</td><td>山林の伐採または譲渡による所得（5年超のものに限る）</td><td>総収入金額－植林費・伐採費等必要経費－特別控除額（50万円）</td></tr>
<tr><td>退職所得</td><td>退職手当，一時恩給等および当該性質を有する給与による所得</td><td>（収入金額－退職所得控除額）×½※
<table>
<tr><th>勤続年数</th><th>退職所得控除額</th></tr>
<tr><td>20年以下</td><td>40万円×勤続年数　（最低80万円）</td></tr>
<tr><td>20年超</td><td>70万円×（勤続年数－20年）＋800万円</td></tr>
</table>
※一定の場合は2分の1課税なし（46頁参照）</td></tr>
</table>

6 総合課税の税額計算の仕組み

◇要するに……

総合課税の所得税の税額計算は次のように行う。

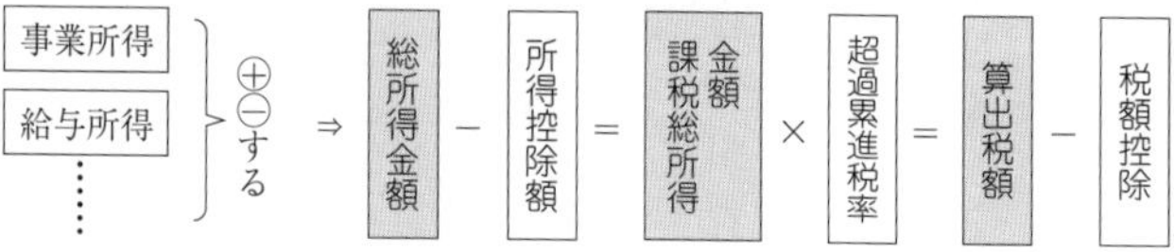

事業所得
給与所得
⋮
}⊕⊖する ⇒ 総所得金額 − 所得控除額 ＝ 課税総所得金額 × 超過累進税率 ＝ 算出税額 − 税額控除

第１段階――総所得金額を算出する

総合課税の対象となる所得は，事業所得，不動産所得，配当所得，給与所得，譲渡所得（土地建物等の譲渡所得，株式等の譲渡所得を除く），一時所得，雑所得である。これらの所得を合算（総合長期譲渡所得および一時所得は２分の１にした後）した金額を総所得金額という。

不動産所得，事業所得，山林所得，譲渡所得に赤字がある場合は，一定の順序に従って黒字の金額から赤字の金額を控除して総所得金額を算出する（損益通算）。

第２段階――課税総所得金額を求める

所得税は担税力に応じた課税を目的としている。そのためには扶養親族の数・年齢，災害等損失，医療費，保険料などの負担に配慮する必要があり，15種類の所得控除が設けられている。総所得金額から所得控除の合計額を差し引いたものを課税総所得金額という。

第３段階――税率を適用して算出税額を求める

課税総所得金額に超過累進税率を適用し，算出されたものが「算出税額」である。通常は19頁の「所得税の税額速算表」を使用する。

第４段階――税額控除があれば差し引く

所得税の税額控除には，住宅ローン控除，配当控除，外国税額控除などがある。算出税額からそれぞれの控除額が差し引けるため，控除額がそのまま所得税の軽減額となる。

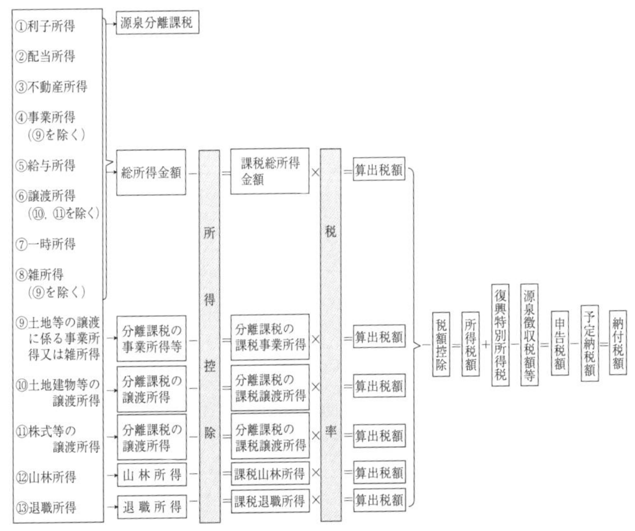

（注）「土地等の譲渡に係る事業所得・雑所得」には平成10年1月1日から令和8年3月31日までの間の譲渡については分離課税の適用はない

◇源泉徴収税額を差し引くと申告納税額

給与や配当（申告しなかった少額配当等を除く），原稿料，印税，医師・弁護士・税理士・外交員の報酬などの支払いを受ける際，源泉徴収された税額を差し引いて納付税額を求める。逆に源泉徴収税額などが算出税額から税額控除等を差し引いた金額である確定税額より大きい場合，その差額が納め過ぎとなっているので還付される。

なお，平成25年から令和19年までの間は基準所得税額に2.1％を乗じた金額（復興特別所得税）も併せて納税となる。

また予定納税額がある人は，さらに予定納税額を控除したものが第３期分の税額つまり確定申告により納付する税額となる。

一般の人は，１年間の所得金額の合計額が各種の所得控除額より多い時は，原則として翌年２月16日から３月15日までに確定申告を行わなければならない。給与所得者の場合，年末調整によって年税額が精算されるので，ほとんどの人は確定申告をする必要がない。

なお，令和６年分の所得税については，定額減税（６頁参照）の適用がある。

7所得金額の計算①　給与所得

◇要するに……

給与所得は「収入金額－給与所得控除額」で計算する。特定支出が給与所得控除額の２分の１を超える場合，給与所得控除後，さらにその超える部分を控除できる特例（特定支出控除の特例）もある。

◇給与所得金額の計算

給与所得とは，勤務先から受ける給料，賃金，賞与（青色事業専従者給与を含む）などによる所得をいう。

給与所得の金額＝その年中の給与等の収入金額 －給与所得控除額

給与所得控除額は，1または5の項を参照されたい。

なお，給与所得の収入金額が660万円未満の場合，正式には国税庁が定める「簡易給与所得表」により，給与所得を計算する。

〈特定支出控除の特例〉

次の特定支出額の合計額が，給与所得控除額の２分の１を超える場合，その超える金額をさらに控除できる（確定申告必要）。

・特定支出（原則，本人が支出し給与等の支払者が証明したもの）

①通勤費（通勤のために必要な交通機関の利用等の支出）

②職務上の旅費

③転居費

④研修費（職務遂行に直接必要なもの）

⑤資格取得費（職務遂行に直接必要なもの）

⑥帰宅旅費

⑦勤務必要経費（図書費，衣服費，交際費等，上限65万円）

◇所得金額調整控除

(1)その年の合計所得金額が850万円を超える人で，①本人が特別障害者，②年齢23歳未満の扶養親族を有する者，③特別障害者である同一生計配偶者もしくは，扶養親族を有する者の場合には，次の金額を給与所得の金額から控除する。

{給与収入の金額（1,000万円を超える場合には1,000万円） －850万円} ×10%

(2)給与所得控除後の給与等の金額と公的年金等に係る雑所得の金額の両方があり，両方合わせて10万円を超える場合には，次の金額を給与所得の金額から控除する。

{給与所得控除後の給与等の金額（10万円限度） ＋公的年金等に係る雑所得の金額（10万円限度）} －10万円

◇所得税の源泉徴収

給与所得の課税は，給与の支払い時に源泉徴収される。

給与等の支払者は，その年の最初の給与等の支払日の前日までに「給与所得者の扶養控除等（異動）申告書」の提出を受けて，給与等を支払うたびに，所定の税額表により源泉徴収税額を徴収し原則として翌月10日までに納付しなければならない。

◇年末調整

給与所得者の場合，年末調整が行われる。その年の最後の給与等の支払日の前日までに，各人が「給与所得者の扶養控除等（異動）申告書」「給与所得者の保険料控除申告書」「給与所得者の基礎控除申告書兼給与所得者の配偶者控除等申告書兼所得金額調整控除申告書」を提出し，源泉徴収税額の過不足額を精算する。

ただし，「給与所得者の扶養控除等（異動）申告書」を提出しなかった者などは年末調整が行われないので，確定申告によって源泉徴収税額の精算を行うことになる。

◇給与所得金額の計算例

①年間給与収入600万円の場合

600万円－（600万円×20%＋44万円）＝436万円

②２ヵ所から給与を得ている場合

A社から600万円，B社から100万円の給与

(600万円＋100万円)－(700万円×10%＋110万円)＝520万円

8 所得金額の計算② 不動産所得

◇要するに……

不動産所得とは，土地・建物などの不動産，地上権，永小作権などの不動産上の権利または航空機の貸付（他人に使用させることを含む）による所得である。

所得金額の計算式は次のとおり。

不動産所得の金額＝総収入金額－必要経費

◇不動産等の賃貸料が不動産所得

不動産の貸付による所得は，貸付の業態，規模から見て不動産貸付業と称されるものであっても，事業所得ではなく不動産所得となる。ただし，次の場合には注意が必要。

①貸間，下宿は一般的には不動産所得だが，賄い付き下宿のような場合は，その経営の程度に応じて事業所得，雑所得となる

②不動産業者が販売の目的で取得した不動産を一時的に貸し付けた場合の所得は，不動産売買業の付随的業務から生じたものであり，事業所得となる

③海水浴場などにおけるバンガローなど，簡易な施設の季節的貸付による所得は事業所得または雑所得となる

④貸ガレージによる所得は，その貸付の業態が不動産の貸付であると認められる場合のものに限るから，一時駐車場（時間貸）のように自動車の預かり業の保管対価としての所得は事業所得または雑所得となる

◇必要経費の計算上の留意点

必要経費となるのは，固定資産税，修繕費，損害保険料，減価償却費，貸家を取得するために借り入れた負債の利子など。

〈減価償却費の計算方法〉

減価償却資産（建物，建物付属設備，備品など）の償却方法とし

ては「定額法」「定率法」等があるが，平成10年４月以降に取得（相続による取得を含む）した建物については定額法（新旧）のみ。

また，平成28年４月１日以後に取得した建物付属設備および構築物についても定額法のみ。

①定額法——毎年の償却費が定額

その年分の償却費＝取得価額×定額法の償却率
（注1）償却率については下表参照
（注2）平成19年３月31日以前取得の減価償却資産は残存価額（原則として10%）を差し引いた後に定額法の償却率を乗ずる

②定率法——年が経つに従い償却費が一定の割合で逓減

その年分の償却費（注）＝（前年末の未償却残高）×定率法の償却率
（注）償却保証額に満たない場合には，改定取得価額 × 改定償却率

主な建物の耐用年数と償却率

構造・用途	用途	耐用年数	償却率	
			定額法	定率法
鉄骨鉄筋コンクリート造または鉄筋コンクリート	事務所	50年	0.020	0.040
	店舗	39年	0.026	0.051
	住宅	47年	0.022	0.043
れんが造，石造またはブロック造のもの	事務所	41年	0.025	0.049
	店舗・住宅	38年	0.027	0.053
金属のもの（骨格材の肉厚4㎜超）	事務所	38年	0.027	0.053
	店舗・住宅	34年	0.030	0.059
金属のもの（骨格材の肉厚3㎜超4㎜以下）	事務所	30年	0.034	0.067
	店舗・住宅	27年	0.038	0.074
金属のもの（骨格材の肉厚3㎜以下）	事務所	22年	0.046	0.091
	店舗・住宅	19年	0.053	0.105
木造または合成樹脂造のもの	事務所	24年	0.042	0.083
	店舗・住宅	22年	0.046	0.091
木造モルタル造のもの	事務所	22年	0.046	0.091
	店舗・住宅	20年	0.050	0.100

※平成24年３月31日以前取得の減価償却資産については182～183頁参照

9 減価償却

◇要するに……

減価償却の方法は平成19年の税制改正で大きく改正された。取得時期が平成19年３月31日以前か，平成19年４月１日以後かにより計算方法が異なることになる。また，平成24年４月１日以後取得資産の定率法償却率が変更されている。

◇平成19年税制改正

(1)平成19年３月31日までの取得資産の減価償却

償却可能限度額（95%）に達した翌年以降５年間で均等償却できる。具体的には，（取得価額－償却可能限度額－１円）÷５年で備忘価額（１円）まで計算する。

(2)平成19年４月１日以後取得資産の減価償却

①残存価額の廃止

平成19年４月１日以後取得の減価償却資産については，残存価額が廃止され，定額法＝取得価額×定額法償却率となる。

②定率法償却率の変更

定率法償却率は定額法償却率の2.5倍となった。

③償却可能限度額の廃止

		定額法	定率法
平成19年３月31日までに取得した減価償却資産	償却方法	（取得価額－残存価額）×旧定額法償却率	未償却残高×旧定率法償却率
	その他	償却可能限度額（95%）に達した翌年以後５年間均等償却で備忘価額（１円）まで計算	
平成19年４月１日以後に取得した減価償却資産	償却方法	取得価額×定額法償却率	未償却残高×定率法償却率（Ⓐ） Ⓐの金額が償却保証額に満たない場合には改定取得価額（変更前未償却残高）×改定償却率
	その他	備忘価額（１円）まで償却	

耐用年数経過時点に１円（備忘価額）まで償却できる。なお，定率法を採用している場合には，定率法で計算した減価償却費が償却保証額（取得価額×保証率）を下回った時，一定の方法（改定取得価額×改定償却率）に切り替えて計算する。

(3)定率法の具体例

例えば，100万円の備品（耐用年数５年）を令和６年１月に購入（事業供用）した場合を考えてみる。この備品の定率法償却率は0.400，保証率は0.10800，改定償却率は0.500である。

令和６年の減価償却費は，1,000,000円×0.400×12／12＝400,000円となる。各年の減価償却費は次表のように計算される。

年	年初 未償却残高 (取得価額)	減価償却費		未償却 残高
		未償却残高× 定率法償却率	改定取得価額 ×改定償却率	
令和６年	1,000,000	400,000		600,000
令和７年	600,000	240,000		360,000
令和８年	360,000	144,000		216,000
令和９年	216,000	86,400	108,000	108,000
令和10年	129,600	51,840	107,999	1

この場合，償却保証額「取得価額×保証率」は，10万8,000円（＝1,000,000円×0.10800）となり，令和９年に償却保証額が上回る。したがって，令和９年以後均等償却に切り替わる。具体的には令和９年は216,000円（改定取得価額＝変更年期首の未償却残高）×0.500（改定償却率）＝108,000円，令和10年は１円の備忘記録を残すため107,999円（108,000円－１円）となる。

◇200％定率法

平成24年４月１日以後に取得した減価償却資産の定率法償却率は，定額法償却率の２倍（改正前2.5倍）に変更された。また，改定償却率・保証率も変更されている（183～184頁参照）。

10 不動産所得の計算例

ケース１

収入：家賃収入480万円，礼金収入80万円，敷金収入40万円
経費：減価償却　定額法22年（償却率0.046）。なお，建物は令和４年に6,000万円で建築。支払利息310万円，管理費24万円，その他18万円。この場合の不動産所得はいくらか。

⑴総収入金額

総収入金額とは，その年中に収入になることが確定した家賃，権利金，更新料等をいう。敷金は，全額返還の必要があるため収入に計上しない。

総収入金額　480万円＋80万円＝560万円

⑵必要経費

①減価償却費

6,000万円×0.046＝276万円

②支払利息　310万円

③管理費　　24万円

④その他　　18万円

①～④の合計　628万円

⑶不動産所得（総収入金額－必要経費）

560万円－628万円＝▲68万円

ケース２

駐車場として20台分を貸し付けている。

収入：１台につき月額8,000円　敷金8,000円

経費：固定資産税　24万円

　　：減価償却費（アスファルト）　36万円

　　：借入利息　　12万円

⑴総収入金額

月極駐車場の収入は、不動産所得となる。

8,000円×20台×12月＝192万円

⑵必要経費

24万円＋36万円＋12万円＝72万円

⑶不動産所得の金額

192万円－72万円＝120万円

〈参　考〉

事業専従者控除額（青色事業専従者給与）

生計を一にする配偶者やその他の親族がアパート管理などの職務に専従している場合には，その建物の貸付が事業といわれる程度の規模で営まれている時に限り，青色申告者の場合は「青色事業専従者給与」，白色申告者の場合は「事業専従者控除額」を差し引くことができる。事業といわれる規模とは，貸家の場合は次に掲げる事実に該当する場合をいう。

①貸間，アパート等については，独立した10室以上

②独立家屋の貸付については，おおむね５棟以上

11所得金額の計算③　事業所得

◇要するに……

事業所得とは，製造業，卸売業，小売業，農業，漁業，医療保健業，著述業，サービス業などを商売にしている事業の所得をいう。しかし，山林所得や譲渡所得に該当するものは除かれる。

事業所得の金額＝総収入金額－必要経費

◇収入金額の計算

総収入金額は，現実に収入した（受け取った）金額ではなく，その年において収入すべきことが確定した金額によって計算される。したがって，売掛金や未収金などのように，まだ入金していない売上代金などでも，その年中の総収入金額に算入しなければならない。

反対に，まだ商品を売り上げていないのに受け取っている前受金などは，その年の総収入金額に算入しない。

また，売上代金を金銭で収入する場合はもちろん，物や権利その他の経済的利益によって収入する場合にも，その収入する時の価額で総収入金額を計算する。

〈収入金額に計上する時期〉

①商品の販売（②と③を除く）による収入金額……その引渡しの日

②商品の試用販売による収入金額……相手方が購入意思を表示した日

③商品の委託販売による収入金額……受託者が委託品を販売した日

④請負による収入金額……物の引渡しを要する請負契約にあってはその目的の全部を完成して相手方に引き渡した日。物の引渡しを要しない請負契約にあってはその約した役務の提供を完了した日

⑤人的役務の提供（④は除く）……その人的役務の提供を完了した日

〈特殊な収入金額の計算〉

①売上代金を物品で受け取った場合……その受け取った時の価額で総収入金額に計上。事業に関連して物品の時価よりも低い金額で

譲り受けた場合も，その時価との差額を総収入金額に計上する

②棚卸資産の自家消費……商品や製品などを家事のために消費したり，親族や知人などに無償あるいは低い値段で販売した場合には，原則として，通常の販売価格を総収入金額に計上する。ただし，販売価格の70%または取得価額のうちいずれか多い金額を総収入金額に計上している場合は，その計算が認められる

◇必要経費

必要経費とは，総収入金額に対応する売上原価またはその収入を得るための直接に要した費用の額およびその年に生じた販売費，一般管理費その他業務上の費用をいう。次のものが代表的な必要経費である。

①販売商品の売上原価，②租税公課，③荷造運賃，④水道光熱費，⑤旅費交通費，⑥通信費，⑦広告宣伝費，⑧接待交際費，⑨損害保険料，⑩修繕費，⑪消耗品費，⑫福利厚生費，⑬給料賃金，⑭利子割引料，⑮地代家賃，⑯減価償却費，⑰事業用固定資産の損失（譲渡損を除く），⑱貸倒金，⑲損害賠償金，⑳引当金・準備金（青色申告者），㉑青色事業専従者給与

◇売上原価の計算

次の算式によって販売商品の売上原価を計算する。

〔年初の棚卸資産の在り高〕＋〔その年中の仕入高〕－〔年末の棚卸資産の在り高〕＝ 売上原価

◇事業所得の計算例

R6. 1 ～ R6. 12		（単位　万円）	
仕入高	850	売上高	2,450
年初棚卸高	120	雑収入	130
営業費	550	年末棚卸高	100
年利益	1,160		
合計	2,680	合計	2,680

雑収入には，定期預金利息10万円，見本品の売却収入25万円が含まれている。営業費の中には，予定納税で支払った所得税35万円，事業税３万円が含まれている

・収入金額
2,450万円＋（130万円－10万円）＝2,570万円

・必要経費
（売上原価）
120万円＋850万円－100万円＝870万円
（営業費）
550万円－35万円＝515万円

・事業所得金額
2,570万円－（870万円＋515万円）＝1,185万円

⑫所得金額の計算④　総合課税となる譲渡所得

◇要するに……

譲渡所得とは，土地，借地権，建物，車輛などの資産を譲渡したり，交換したことなどによる所得である。

このうち，総合課税となる譲渡所得は，分離課税となっている土地や借地権，建物等による譲渡所得，株式による譲渡所得以外の資産の譲渡所得である。

譲渡所得金額＝収入金額－(取得費＋譲渡費用)－特別控除額(50万円) (長期)総所得金額に算入する金額＝譲渡所得金額×$\frac{1}{2}$

◇総合課税となるもの

車輛，機械，船舶，特許権，漁業権，ゴルフ会員権，１個または１組の価額が30万円を超える書画，骨とう，美術工芸品，宝石，貴金属などの譲渡による収入が総合課税となる譲渡所得である。

金貯蓄口座の収益も譲渡所得だが，金融類似商品として源泉分離課税となる。

また株式等の譲渡収入は，申告分離課税となる。

◇短期譲渡所得と長期譲渡所得

譲渡所得は，譲渡資産の保有期間が５年以内は短期譲渡所得，５年超が長期譲渡所得に区分される。

なお，期間については分離課税となる土地・建物の譲渡所得が，譲渡した年の１月１日現在で計算されるのに対し，総合課税に該当する譲渡所得の場合は，取得した日から譲渡した日までの期間で計算する。

◇譲渡所得の計算と特別控除額

譲渡所得には，その所得の性格上，特別控除額が定められているが，総合課税となる譲渡の場合の特別控除額は50万円である。

この50万円は，譲渡益が50万円以上の場合に50万円で，50万円未満の場合はその譲渡益相当額となる。そして譲渡所得に短期譲渡と長期譲渡がある場合には，短期譲渡にかかる部分の金額から順に控除する。

総収入金額－（取得費＋譲渡費用）＝譲渡益 譲渡益－譲渡所得の特別控除＝譲渡所得の金額

総合課税となる譲渡所得の総所得金額を計算する場合の長期譲渡所得の金額は，その２分の１に相当する金額を他の所得の金額と総合する。

◇計算例

ケース

平成27年４月に200万円で購入したゴルフ会員権を令和６年６月に500万円で譲渡した。経費としては買入時に名義書換料30万円，譲渡時に仲介手数料15万円がかかった。

所有期間が５年を超えているので長期譲渡所得に該当する。

（総収入金額）　（取得費）　（譲渡費用）（特別控除額）（譲渡所得）
500万円－（200万円＋30万円＋15万円）－50万円＝205万円

総所得金額に算入する金額

205万円×$\frac{1}{2}$＝102．５万円

なお，短期譲渡所得（所有期間５年以下）の場合は205万円が総所得金額に算入される。

13 所得金額の計算⑤　一時所得

◇要するに……

一時所得とは，懸賞の賞金，福引の当せん金品，競馬や競輪の払戻金，借家権者が受け取る立退料，遺失物の拾得による報労金，生命保険契約の満期保険金や損害保険契約の満期払戻金などのように，

①営利を目的とする継続的な行為から生じた所得でないこと

②労務その他役務または資産の譲渡の対価の性質を持たない所得

③一時的に生ずる所得

のことをいう。

$$\text{一時所得の金額} = \text{一時所得の総収入金額} - \text{収入を得るために支出した金額} - \text{特別控除額（50万円）}$$

$$\text{総所得金額に算入する金額} = \text{一時所得の金額} \times \frac{1}{2}$$

◇生命保険の満期保険金等

保険料の払込者が満期により受け取る保険金は一時所得となり，次のように計算する（中途解約の場合の解約返戻金も同様）。

$$\text{保険金} - \left(\text{支払保険料の総額} - \text{分配を受けた剰余金}\right) - \text{特別控除額（50万円）} = \text{一時所得の金額}$$

生命保険契約等の内容が一時金のほか，年金を支払う内容のものである時は，次の算式により計算する。

一時金に対応する保険料または掛金の総額

$$= \left\{ \text{保険料または掛金の総額} - \text{保険料または掛金の総額} \times \frac{\text{年金の支払総額または見込額}}{\text{年金の支払総額または見込額} + \text{一時金の額}} \right\}$$

（注）分数式の小数点以下３位は切上げ

なお，保険期間等が５年以内の一時払養老保険などについては一時所得だが，金融類似商品として一律20.315%（所得税15.315%，住民税５％）の源泉分離課税の取扱いとなる。

ケース1

養老保険の満期金として386万円を受け取った。支払保険料総額（30年間）は200万円である。総所得金額に算入される一時所得の金額はいくらか。

(満期時受取金)　(保険料総額)　(特別控除額)
386万円－200万円－50万円＝136万円……一時所得の金額

136万円×$\frac{1}{2}$＝68万円……総所得金額に算入される金額

ケース2

個人年金保険の一時金，年金を次のように取得した。
一時金300万円　年金・年額50万円（15年保証，終身年金）
支払保険料の総額900万円
（注）被保険者の年金支払開始時の平均余命は23年

年金の支払総額または見込額　50万円×23年＝1,150万円

一時金に対応する保険料または掛金の総額

$$900万円-900万円\times\frac{1,150万円}{1,150万円+300万円}(0.793\rightarrow0.80)=180万円$$

一時金にかかる一時所得　300万円－180万円－50万円＝70万円

70万円×$\frac{1}{2}$＝35万円……総所得金額に算入される金額

◇ふるさと納税の返戻品

ふるさと納税の返戻品も一時所得の対象となる。

したがって，生命保険の満期金等他の一時所得と併せて年間50万円を超える場合には，超えた金額について課税対象となる。

◇一時所得の損失の取扱い

一時所得の金額の計算上生じた損失の金額は，他の所得との損益通算はできない。

14所得金額の計算⑥　雑所得

◇要するに……

雑所得は，利子，配当，不動産，事業，給与，譲渡，一時，山林，退職の各所得のいずれにも該当しない所得をいう。

雑所得の金額は，次の計算式で算出する。

公的年金以外の雑所得…雑所得の総収入金額－必要経費

公的年金等の場合…その年中の公的年金等の収入金額－公的年金等控除額

◇公的年金以外の雑所得

著述業以外の人の原稿料，印税，講演料，内職収入，非営業の貸金利子は，一部源泉徴収されるが，総合課税となる。

また，定期積金の給付補てん金は雑所得であるが，金融類似商品として一律20.315％（地方税５％を含む）の分離課税となっている。

◇公的年金等の雑所得

公的年金等とは次のものをいう。これらについては，収入金額から公的年金等控除額（181頁参照）を差し引いて雑所得金額を求めることになる。

①国民年金・厚生年金・共済組合などの公的年金から支給される老齢年金，退職共済年金。独立行政法人農業者年金基金法の農業者老齢年金・特別付加年金，国民年金基金から支給される年金，厚生年金基金の年金
②恩給，過去の勤労に基づき使用者から受ける年金
③税制適格退職年金のうち勤労者が負担した保険料に対応する部分を除いた部分
④中小企業退職金共済契約に基づく分割退職金
⑤小規模企業共済契約に基づく分割共済金
⑥確定拠出年金に基づく老齢年金など

◇公的年金等の源泉徴収税額

公的年金を受けている人は（原則として65歳未満は108万円以上，65歳以上は158万円以上の金額を受け取る場合），年金から所得税が源泉徴収されるよう，扶養親族等申告書に必要事項を記入して，日本年金機構に提出（郵送）することになっている。扶養親族等申告書を提出した人が源泉徴収される所得税は，次の計算式で求められる（扶養親族等の申告書の提出がある場合）。

源泉徴収税額＝（公的年金等支給額－控除額）×5%※
控除額＝（基礎的控除額＋人的控除額－特定の公的年金の控除調整額）×月数

※平成25年から令和19年までの間は，基準所得税額に2.1％を乗じた金額（復興特別所得税）も併せて徴収されるため，合計税率は5.105％（＝５％×1.021）となる

◇所得金額調整控除

給与所得控除後の給与等の金額と公的年金等に係る雑所得の金額の両方があり，両方合わせて10万円を超える場合には，次の金額を給与所得の金額から控除する。

{給与所得控除後の給与等の金額（10万円限度）
＋公的年金等に係る雑所得の金額（10万円限度）} －10万円

◇雑所得にかかる収入金額の計算

雑所得のうち，業務に係るものについては，前々年の収入金額を基準として，所得金額の計算方法や書類保存，添付書類が異なる。

前々年分の収入金額	内　容
300万円以下	総収入金額および必要経費について「現金主義による所得計算の特例」が適用可能
1,000万円以下	現金預金取引等関係書類の起算日から「５年間」の保存義務あり
1,000万円超	上記保存義務の他、確定申告書に「総収入金額および必要経費に関する書類」の添付義務あり

※１　業務に係るものとは，副業に係る収入のうち営利を目的とした継続的なものをいう（原稿料，講演料またはシェアリング・エコノミーなど）
※２　この規定は，前々年の収入金額が基準となる。このため，令和６年分所得税の場合，基準となる収入金額は，令和４年分の収入金額となる

15 所得金額の計算⑦　利子所得・配当所得

◇要するに……

利子所得は，公社債，預貯金の利子，合同運用信託および公社債投資信託の収益の分配にかかる所得である。必要経費の控除は認められない。配当所得は，株式の配当，株式投資信託の収益分配金などをいい，収入金額から元本を取得するために要した負債の利子を差し引いたものが所得金額となる。

◇原則は源泉分離課税

利子所得は原則として一律20.315％（所得税15.315％，住民税５％）の税率で源泉分離課税である（復興特別所得税を含む）。

〈例〉100万円を0.030％のスーパー定期で１年間運用した場合

100万円×0.030％＝300円

所得税　300円×15.315％＝45円（円未満切捨）

住民税　300円×５％＝15円（円未満切捨）

なお，マル優，マル特，財形住宅，財形年金の非課税制度の適用を受けている場合は，非課税となる。また，納税準備預金も非課税である。

◇配当所得

配当所得金額は次の算式で算出される。

所得金額＝収入金額－元本取得のために要した負債の利子

◇差し引かれる利子の計算

株式などを取得した負債の利子は次の算式で計算する。

$$\text{年中に支払う負債利子} \times \frac{\text{負債で取得した株式などの所有期間月数}}{12} = \text{差し引かれる利子}$$

※1ヵ月未満は1ヵ月として計算

配当課税のまとめ

<table>
<tr><th rowspan="2" colspan="2"></th><th>配当の支払いを受ける日</th></tr>
<tr><th>令和6年</th></tr>
<tr><td rowspan="6">上場株式
(大口株主を除く)</td><td rowspan="3">所得税</td><td>源泉15%・総合課税</td></tr>
<tr><td>源泉15%・申告分離課税※3</td></tr>
<tr><td>金額にかかわらず，申告不要※2</td></tr>
<tr><td rowspan="3">住民税</td><td>5%　配当割　総合課税</td></tr>
<tr><td>5%　配当割　申告分離課税※3</td></tr>
<tr><td>金額にかかわらず，申告不要※2</td></tr>
<tr><td rowspan="3">上場株式
(大口株主)
※1</td><td rowspan="2">所得税</td><td>源泉20%・総合課税</td></tr>
<tr><td>少額配当のみ，申告不要※2</td></tr>
<tr><td>住民税</td><td>総　合　課　税</td></tr>
<tr><td rowspan="3">非上場株式</td><td rowspan="2">所得税</td><td>源泉20%・総合課税</td></tr>
<tr><td>少額配当のみ，申告不要※2</td></tr>
<tr><td>住民税</td><td>総　合　課　税</td></tr>
</table>

※1　大口株主…発行済株式総数の3%以上を所有している株主

※2　申告不要の場合も源泉徴収，配当割あり

※3　申告分離課税を選択した場合には，上場株式等の譲渡損失と上場株式等の配当と通算できる。また，平成22年1月からは特定口座内で損益通算可能

※4　平成25年から令和19年までの間は基準所得税額に2.1%を乗じた金額（復興特別所得税）も併せて納税となる

⑯所得金額の計算⑧　退職所得

◇**要するに……**

退職所得とは，退職手当，一時恩給など退職によって一時に受け取る給与などの所得をいう。特別の社会保障制度や共済制度によって受ける一時金，税制適格退職年金契約によって受ける退職一時金も退職所得である。

退職所得金額は次の算式で計算する。

所得金額＝（退職所得の収入金額－退職所得控除額）×$\frac{1}{2}$ (※1~2)

※１　役員等として勤続年数が５年以下である者が支給される場合には$\frac{1}{2}$課税なし

※２　役員等以外で勤続年数が５年以下である者の退職所得控除後の金額が300万円を超える場合には，その300万円を超える部分については$\frac{1}{2}$課税なし

◇**優遇されている退職所得**

退職金は，長年の勤続に報いるものであり，老後の生活設計の一部でもあることから，他の所得に比べて優遇されている。具体的には次の点である。

①他の所得と合算されず分離課税である

②勤続年数による大幅な退職所得控除額がある

③退職所得控除後の額の２分の１が課税退職所得金額となる

〈退職所得控除額〉

(1)通常の場合……勤続年数が，

㋑２年以下の時……80万円

㋺２年を超え20年以下の時……勤続年数×40万円

㋩20年を超える時……800万円＋70万円×（勤続年数－20年）

(2)障害者になったことに直接起因して退職した場合……上の(1)で計算した金額に100万円を加算した金額

※１年未満の端数は１年として計算

上記㋩の場合に（70万円×勤続年数－600万円）と書かれたものも

あるが同じことである

◇通常は源泉徴収

通常は，所得税，住民税とも退職者が勤務先に「退職所得の受給に関する申告書」を提出することにより，源泉徴収される。ただしこの申告書を出さない人は，退職金が支払われる時に20%が源泉徴収されるため，確定申告により精算することになる。

なお，平成25年から令和19年までの間は基準所得税額に2.1%を乗じた金額（復興特別所得税）も併せて徴収される。

◇退職所得の計算例

> 令和６年10月２日に定年退職，退職金2,740万円を受ける予定。勤続年数は41年と６ヵ月。「退職所得の受給に関する申告書」を提出した場合の手取り額はいくらか。

①退職所得控除額の算出（41年６ヵ月は42年として計算）

800万円＋70万円×（42年－20年）＝2,340万円

これは　70万円×42年－600万円＝2,340万円でも同様

②退職所得金額の計算

（2,740万円－2,340万円）×$\frac{1}{2}$＝200万円

③所得税額

200万円×10%－９万7,500円＝10万2,500円

④復興特別所得税

10万2,500円×2.1%＝2,152円

⑤所得税額および復興特別所得税の申告納税額

10万2,500円＋2,152円＝10万4,600円（百円未満切捨）

⑥住民税額

200万円×10%＝20万円

⑦手取り額

2,740万円－10万4,600円－20万円＝2,709.54万円

17所得金額の計算⑨　山林所得

◇要するに……

山林所得とは，山林を伐採して売ったり，立木のまま売ったりした所得をいう。しかし，山林をその取得の日以後５年以内に伐採して売ったり，そのまま売った場合は山林所得とはならず，それが事業として行われている場合には事業所得になり，そうでない場合は雑所得となる。

また，土地付で立木を売った場合は，土地部分は原則として譲渡所得となり，立木の部分だけが山林所得となる。

山林所得の金額は次の算式で計算する。

> 山林所得の金額＝総収入金額－必要経費－特別控除額
> （最高50万円）

◇山林所得の必要経費

必要経費の範囲は，植林費，取得費，育成費，管理費等で，特例として伐採費，運搬費，その他譲渡経費（以上Ⓐ）について概算経費控除が認められている。その年の15年前の12月31日以前から引き続き所有していた山林については，選択により，次の計算による金額を必要経費（概算経費）とすることができる。

必要経費＝（収入金額－Ⓐ）×50％＋Ⓐ

なお，昭和27年12月31日以前から所有していた山林である場合には，次の金額と概算経費のいずれか多い方の金額とする。

昭和28年１月１日現在の相続税評価額＋昭和28年以後に支出した管理費・育成費＋Ⓐ

◇税額は５分５乗方式で計算

山林所得は，木を植え，育て，伐採して収入を得るというように，長い時間と自然との闘いを要する。そこで申告分離課税とするとともに，事情を考慮して「５分５乗方式」により税額を計算することとしている。

この方法は，山林所得を５分の１にし，その金額に対応する超過累進税率を適用して金額を算出し，さらにその金額を５倍して税額を求めるものである。

（課税山林所得金額×$\frac{1}{5}$）×この金額に対する税率×５＝税額

例えば，課税山林所得が500万円だったとする。そのまま超過累進税率を適用すると500万円×20％－42.75万円＝57.25万円が税額だが，５分５乗方式によれば次のようになる。

（500万円×$\frac{1}{5}$）×５％×５＝25万円

（100万円に対応する税率を利用）

これが５分５乗方式による軽課の仕組みである。

なお，平成25年から令和19年までの間は，基準所得税額に2.1％を乗じた金額（復興特別所得税）も併せて納税となる。

◇山林所得に赤字がある場合

山林所得に赤字がある場合，損益通算の対象となる。

◇青色申告

山林所得がある場合には，青色申告を選択することができる。

ただし，不動産所得や事業所得がなく，山林所得のみの場合には，青色申告の特典の一つである青色申告特別控除は，10万円の控除しか選択することができない。

⑱損益通算とは

◇要するに……

各所得金額を算出したら，合計して総所得金額を求めるのが総合課税の原則だが，複数の所得を合計する時にはプラスの所得もマイナスの所得もある。このプラスの所得とマイナスの所得を合わせることを「損益通算」という。文字どおり「損失と利益」を「通しで計算する」ことである。

◇所得の種類を３つのグループに分ける

10種類の所得には，毎年のように生じるもの，何年かに一度しか生じないもの，数十年に一度しか生じないものとがある。

経常所得グループ
利子所得　配当所得　不動産所得　事業所得　給与所得　雑所得

利子所得はお金さえ預けていれば，配当所得は株式を持っていれば，不動産所得はアパートを経営していれば毎年のように生じる。事業所得や給与所得，年金収入（雑所得）も同様である。そこで，これらの所得を「経常所得グループ」と呼ぶ。

一時的所得グループ
譲渡所得　一時所得

譲渡所得はゴルフ会員権などを売った時の所得だが，これは通常，何年かに一度といったものである。同じ性格のものに生命保険の満期保険金を代表例とする一時所得がある。この２つを「一時的所得グループ」と呼ぶ。所得金額を求め損益通算後に２分の１を総所得金額に加えるのも，この性格を考慮したためである（分離譲渡所得，総合短期譲渡所得を除く）。

超長期所得グループ
退職所得　山林所得

次に数十年に一度という所得が２つある。退職所得と山林所得である。この２つの所得を「超長期所得グループ」とする。

なぜ，このように分けたかというと，それは損益通算がこの３つのグループごとに行われるからである。

◇損益通算できる所得，できない所得

絶対に赤字の生じない所得がある。これらの所得は「損益通算」といっても常にプラスである。

経常所得グループでは，利子所得と給与所得の２つ。

他には，超長期グループの退職所得で赤字はあり得ない。

以上の３つ以外の所得は，いずれも赤字になることがある。しかし次の所得は赤字になっても，ゼロと考える。

経常所得グループ

配当所得……株式を借入金で購入し，その利子が配当金の額を上回っても赤字はないものとして取り扱われる
不動産所得のうち特定のもの……赤字のうち土地の取得にかかる借入金の利子に対応する部分は，ないものとして取り扱われる
雑所得………赤字は考慮されない

一時的所得グループ

一時所得……営利を目的とする継続的な行為による所得以外の所得であり，例えば競輪や競馬で赤字だったとしても損益通算されることはない
譲渡所得の一部……生活に通常必要でない資産(平成26年４月以降はゴルフ会員権等を含む)の赤字，土地建物の売却損および株式の売却損(一定の場合を除く)は，損益通算できない

◇損益通算できる所得は「不・事・山・譲」(ふじさんゆずる)

以上により，損益通算できる所得は不動産所得（上で説明した部分を除く）・事業所得・山林所得・譲渡所得（上で説明した部分を除く）の４つということになる。この４つの所得は「ふじさんゆずる」と記憶しておけばよい。

なお，損益通算は「不・事・山・譲」の中でのみの通算ではない。例えば，不動産所得の赤字（土地借入金利子を除く）と給与所得の損益通算は可能。

⑲損益通算の順序と総所得金額の算出

◇要するに……

損益通算は,「経常所得グループ」と「一時的所得グループ」に分けて行う(第1次通算)。そこでも赤字が出て控除しきれない場合は,この2つのグループ間で損益通算を行う(第2次通算)。第2次通算を行っても控除しきれない赤字は,山林所得,退職所得から控除する(第3次通算)。

◇第1次通算

経常所得グループ(利子,配当,不動産,事業,給与,雑の各所得金額)および一時的所得グループ(譲渡,一時所得)の各グループで黒字所得から赤字所得を控除する。

経常所得グループの中で,不動産所得または事業所得の損失は,「土地等に係る事業所得等」から先に控除する。

譲渡所得の中での損益通算(内部通算)は,特別控除前の金額について短期譲渡所得内,長期譲渡所得内で行い,控除しきれない分はそれぞれの所得の間で控除する。

ただし,土地建物の譲渡,株式の譲渡は他の譲渡および他の所得とは通算できない(一定の場合を除く)。

◇第2次通算

経常所得グループに赤字が残る時は,まず譲渡所得,次に一時所得から控除する。一時的所得グループに赤字が残る時は,損益通算後の経常所得グループから控除する。

◇第3次通算

第2次通算でも赤字の場合,山林所得,退職所得があれば,山林所得,退職所得の順で差し引く。この結果,赤字になれば,純損失となる。

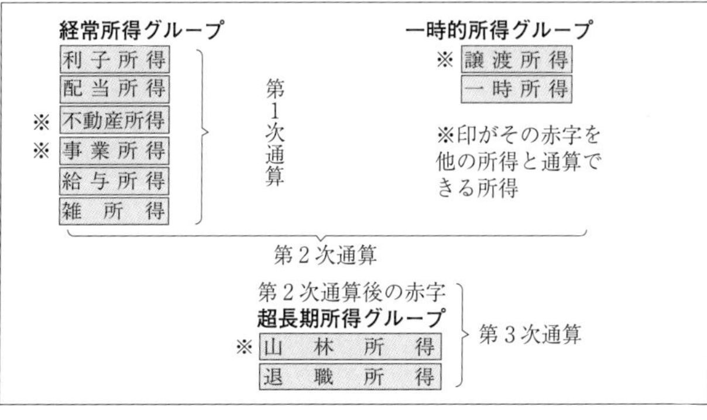

なお，山林所得が赤字の場合は，まずその赤字を経常所得グループから控除し，次に一時的所得グループから控除する。それでも控除しきれない赤字がある時は退職所得から控除する。

◇純損失

純損失が発生した場合，原則としてその納税者が青色申告であれば確定申告時に損失申告書を提出することにより，翌年以降の所得から3年間繰り越して控除することができる。

◇事例にみる損益通算

Aさんの令和6年中の収入は次のとおりである。総所得金額はいくらか。
①給与収入　　360万円（給与所得控除額116万円）
②不動産収入　600万円（必要経費850万円）
③一時払養老保険の満期金　220万円（20年前一時払保険料140万円）

①給与所得　　360万円－116万円＝244万円
②不動産所得　600万円－850万円＝▲250万円
③一時所得　　220万円－140万円－50万円＝30万円
〈第1次通算〉
244万円（給与所得）－250万円（不動産所得）＝▲6万円（経常所得グループ）
30万円（一時的所得グループ）
〈第2次通算〉
▲6万円＋30万円＝24万円　→×1/2＝12万円
※一時所得の×1/2は，損益通算後に行う（55頁参照）

⑳総所得金額等，課税標準の算出

◇要するに……

所得税の課税標準は，総所得金額，退職所得金額，および山林所得金額である（分離課税の事業所得等，譲渡所得がない場合）。

◇課税標準

課税標準は次のように計算する。

$$\begin{pmatrix}\text{総所得}\\\text{金　額}\end{pmatrix} = \begin{pmatrix}\text{配当所得}\\\text{の金額}\end{pmatrix} + \begin{pmatrix}\text{不動産所得}\\\text{の金額}\end{pmatrix} + \begin{pmatrix}\text{事業所得}\\\text{の金額}\end{pmatrix} + \begin{pmatrix}\text{給与所得}\\\text{の金額}\end{pmatrix} + \begin{pmatrix}\text{総合短期譲渡}\\\text{所得の金額}\end{pmatrix} + \left\{\begin{pmatrix}\text{総合長期譲渡}\\\text{所得の金額}\end{pmatrix} + \begin{pmatrix}\text{一時所得}\\\text{の金額}\end{pmatrix}\right\} \times \frac{1}{2} + \begin{pmatrix}\text{雑所得}\\\text{の金額}\end{pmatrix}$$

$$\begin{pmatrix}\text{山林所得}\\\text{金　　額}\end{pmatrix} = (\text{山林所得の金額})$$

$$\begin{pmatrix}\text{退職所得}\\\text{金　　額}\end{pmatrix} = (\text{退職所得の金額})$$

なお，利子所得，土地建物等の分離譲渡所得，特定の土地等の事業所得・雑所得などは分離課税となっているため，総所得金額には含まれない。

◇総合譲渡所得と一時所得

計算は以上のとおりだが，総合譲渡所得（長期）の金額および一時所得の金額（損益通算の規定の適用がある時は，適用後の金額）の合計額の２分の１に相当する金額を総所得金額に算入する。

◇山林所得金額

山林所得金額は，損益通算，純損失の繰越控除または雑損失の繰越控除の適用がある場合は，その適用後の金額。

◇退職所得金額

同上。

総所得金額・課税標準の計算までの流れ

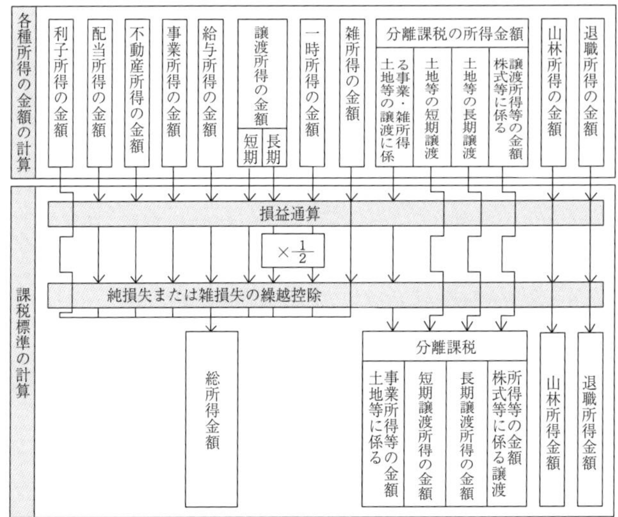

※「土地等の譲渡に係る事業所得・雑所得」には平成10年１月１日から令和８年３月31日までの間の譲渡について分離課税の適用はない

◇計算例

次の各種所得の課税標準はどのようになるか

①給与所得の金額	555万円
②不動産所得の金額	300万円
③山林所得の金額	360万円
④譲渡所得の金額	
短期保有資産の譲渡益（絵画）	80万円
長期保有資産の譲渡益（ゴルフ会員権）	200万円
⑤一時所得の金額	120万円

給与所得金額 555万円 ＋ 不動産所得金額 300万円 ＋（短期保有資産の譲渡益 80万円 － 譲渡所得の特別控除額 50万円）

＋（長期保有資産の譲渡益 200万円 ＋ 一時所得金額 120万円）× $\frac{1}{2}$ ＝1,045万円……総所得金額

360万円……山林所得金額

21所得控除額

◇要するに……

総所得金額から所得控除の合計額を差し引いて「課税総所得金額」を求める。所得控除には次のものがある。

◇所得控除の種類と金額

<table>
<tr><th colspan="2">種　類</th><th colspan="2">金　額</th><th>摘　要</th></tr>
<tr><td colspan="2">雑損控除</td><td colspan="2">①災害関連支出がない場合および５万円以下の場合
損失の金額－総所得金額等×10％
②災害関連支出が５万円超の場合
差引損失額－総所得金額×10％
（差引損失額のうち災害関連支出の金額）－５万円
③損失がすべて災害関連支出の場合
損失の金額－総所得金額等×10％
損失の金額のうち災害関連支出の金額－５万円
いずれか多い額</td><td>イ．資産（生活に通常必要でない資産や事業用資産等を除く）について災害，盗難，横領により損失を生じた場合（災害等に関連するやむを得ない支出をした場合を含む）に適用
ロ．損失の金額は，保険金等で補てんされる金額を除く
ハ．災害関連支出とは，損失額のうち災害に直接関連して支出するものをいう</td></tr>
<tr><td colspan="2">医療費控除</td><td colspan="2">（医療費－保険金などで補てんされた金額）－｛（総所得金額等×５％）か（10万円）のいずれか低い金額｝（ただし控除限度額は200万円）</td><td>イ．診療費用や入院費用，医療品の購入費用などが対象
ロ．医療費控除の特例と選択</td></tr>
<tr><td colspan="2">社会保険料控除</td><td colspan="2">支払った保険料の金額</td><td>健康保険，雇用保険，厚生年金，国民年金，介護保険等</td></tr>
<tr><td colspan="2">小規模企業共済等掛金控除</td><td colspan="2">支払った掛金の金額</td><td>一定の共済契約の掛金と心身障害者扶養共済の掛金，iDeCo など</td></tr>
<tr><td rowspan="7">生命保険料控除（最高12万円）</td><td rowspan="2">新一般生命保険料
新個人年金保険料
介護医療保険料
である場合</td><td>支払保険料</td><td>控除額</td><td rowspan="2">平成24年１月１日以後に締結した保険契約</td></tr>
<tr><td>20,000円以下
20,000円超　40,000円以下
40,000円超　80,000円以下
80,000円超</td><td>支払保険料の全額
支払保険料×1/2+10,000円
支払保険料×1/4+20,000円
40,000円</td></tr>
<tr><td>旧一般生命保険料
旧個人年金保険料
である場合</td><td>25,000円以下
25,000円超　50,000円以下
50,000円超　100,000円以下
100,000円超</td><td>支払保険料の全額
支払保険料×1/2+12,500円
支払保険料×1/4+25,000円
50,000円</td><td>平成23年12月31日以前に締結した保険契約</td></tr>
<tr><td rowspan="4">新契約と旧契約の両方に加入している場合</td><td colspan="2">次のいずれかの金額</td><td rowspan="4"></td></tr>
<tr><td>新契約にのみ生命保険料控除を適用する場合</td><td>新契約に基づき計算した控除額（最高４万円）</td></tr>
<tr><td>旧契約にのみ生命保険料控除を適用する場合</td><td>旧契約に基づき計算した控除額（最高５万円）</td></tr>
<tr><td>新契約と旧契約に生命保険料控除を適用する場合</td><td>新契約に基づき計算した控除額と旧契約に基づき計算した控除額（最高４万円）</td></tr>
</table>

<table>
<tr><th>種　類</th><th>金　額</th><th>摘　要</th></tr>
<tr><td>地震保険料控除</td><td>一定の地震保険料を支払った場合には，地震保険料の合計額（最高５万円）
（注）平成18年12月31日までに締結した長期損害保険料等を支払った場合には経過措置あり</td><td></td></tr>
<tr><td>寄附金控除</td><td>{特定寄附金の支出額
{課税標準×40％} いずれか少ない額

－2,000円</td><td>特定寄附金とは国，地方公共団体に対する寄附金などで，入学寄附金は対象外</td></tr>
<tr><td>障害者控除</td><td>一般の障害者１人につき　27万円
特別障害者（同居特別障害者を除く）
１人につき　40万円
同居特別障害者１人につき　75万円</td><td>本人や控除対象配偶者，扶養親族が障害者である時</td></tr>
<tr><td>寡婦控除
（女性）</td><td><table>
<tr><td rowspan="2">区分</td><td>扶養親族あり</td><td>扶養親族なし</td></tr>
<tr><td>子供なし</td><td>—</td></tr>
<tr><td>死別・生死不明</td><td rowspan="2">27万円</td><td>27万円</td></tr>
<tr><td>離婚</td><td>—</td></tr>
<tr><td>未婚</td><td>—</td><td>—</td></tr>
</table></td><td>イ．夫と死別，離婚，夫が生死不明の状態であること（離婚の場合は扶養親族を有すること）
ロ．本人の合計所得金額が500万円以下であること
ハ．住民票に事実婚である旨の記載がされた者がいないこと
ニ．ひとり親（控除）に該当しない</td></tr>
<tr><td>ひとり親控除
（男性，女性）</td><td><table>
<tr><td rowspan="2">区分</td><td>扶養親族あり</td></tr>
<tr><td>子供あり</td></tr>
<tr><td>死別・生死不明</td><td rowspan="3">35万円</td></tr>
<tr><td>離婚</td></tr>
<tr><td>未婚</td></tr>
</table></td><td>イ．総所得金額等の合計額が48万円以下の同一生計の子がいること
ロ．本人の合計所得金額が500万円以下であること
ハ．住民票に事実婚である旨の記載がされた者がいないこと</td></tr>
<tr><td>勤労学生控除</td><td>27万円</td><td>本人が勤労学生である時</td></tr>
<tr><td>配偶者控除</td><td><table>
<tr><td>納税者の合計所得金額</td><td>控除対象配偶者</td><td>老人控除対象配偶者</td></tr>
<tr><td>900万円以下</td><td>38万円</td><td>48万円</td></tr>
<tr><td>950万円以下</td><td>26万円</td><td>32万円</td></tr>
<tr><td>1,000万円以下</td><td>13万円</td><td>16万円</td></tr>
</table></td><td>イ．控除対象配偶者とは，合計所得金額が1,000万円以下である納税者（夫）と生計を一にする配偶者のうち，合計所得金額が48万円以下の人
ロ．老人控除対象配偶者とは，年齢70歳以上
ハ．配偶者が青色事業専従者等でない</td></tr>
<tr><td>配偶者特別控除</td><td><table>
<tr><td>納税者の合計所得金額</td><td>控除額</td></tr>
<tr><td>900万円以下</td><td>３万円～38万円</td></tr>
<tr><td>950万円以下</td><td>２万円～26万円</td></tr>
<tr><td>1,000万円以下</td><td>１万円～13万円</td></tr>
</table></td><td>イ．納税者（夫）と生計を一にする配偶者がいる
ロ．納税者（夫）の合計所得金額が1,000万円以下
ハ．配偶者が青色事業専従者等でない
ニ．配偶者が控除対象配偶者以外の人</td></tr>
<tr><td>扶養控除</td><td>年少扶養親族（16歳未満）　0円
16歳以上19歳未満の扶養親族　38万円
19歳以上23歳未満の特定扶養親族　63万円
23歳以上70歳未満の扶養親族　38万円
同居老親等以外の老人扶養親族　48万円
同居老親等の老人扶養親族　58万円</td><td>イ．扶養親族の所得制限は，合計所得金額が48万円以下の人
ロ．老人扶養親族とは，年齢70歳以上の扶養親族
ハ．同居老親等とは，所得者またはその配偶者の直系尊属（父母または祖父母など）で同居を通常としている人
ニ．扶養親族が青色事業専従者等でない</td></tr>
<tr><td>基礎控除</td><td><table>
<tr><td>合計所得金額</td><td>控除額</td></tr>
<tr><td>2,400万円以下</td><td>48万円</td></tr>
<tr><td>2,450万円以下</td><td>32万円</td></tr>
<tr><td>2,500万円以下</td><td>16万円</td></tr>
<tr><td>2,500万円超</td><td>0万円</td></tr>
</table></td><td></td></tr>
</table>

22所得控除① 扶養控除

◇要するに……

納税者に扶養する親族がいれば原則として扶養控除が適用される。

金額は，各扶養親族１人につき，次のようになっている。

年　齢		控除額
16歳未満	年少扶養親族	0円
16歳以上19歳未満	——	38万円
19歳以上23歳未満	特定扶養親族	63万円
23歳以上70歳未満	（成年扶養親族）	38万円
70歳以上	老人扶養親族	48万円
	同居老親等	58万円

◇扶養親族とは

「親族」とは，納税者の「６親等内の血族と３親等内の姻族」を指す。このうち配偶者には配偶者控除が認められているので，扶養控除の対象から除かれている。

６親等内の血族とは，本人（納税者）から見て再従兄弟姉妹（またいとこ），従兄弟姉妹（いとこ）の孫，祖父母の従兄弟姉妹より近い親族のことである。

３親等内の姻族とは，配偶者の一方と他方の血族を互いに姻族といい，そのうち３親等内の姻族が親族となる。

また，同居老親等とは，本人（納税者）または配偶者の両親，祖父母等の直系尊属で，その納税者と同居している者をいう。

扶養親族に該当するかどうかは，原則として，その年の12月31日（途中で死亡している者についてはその死亡の日）の状況で判断する。

◇扶養とは「生計を同一にしている状態」

扶養とは，その親族と生計を同一にしている状態を指す。生計を同一にするとは，必ずしも同じ家屋で寝起きを共にするだけではなく，勤務，就学，療養などの都合で一時的に別居している場合も含まれる。

したがって別居していても，毎月生活費を仕送りしている場合などは，生計を同一にしているとして扶養控除が適用される。

◇扶養親族に所得がある場合

その年中の「合計所得金額」が48万円を超える扶養親族は，扶養控除の対象から除かれる。なお「合計所得金額」とは，例えば，扶養親族がアルバイトやパートなどをしている給与所得者である場合には，年間の給与総額から給与所得控除額を差し引いた金額をいう。

公的年金受給者の場合には，年間の年金受給額から公的年金等控除額を控除した金額が「合計所得金額」となる。

収入ベースだと，アルバイトやパート等で103万円以下，65歳以上の人の公的年金で158万円以下ということになる。

合計所得金額	＋給与所得控除額	＝収入金額
（48万円）	（55万円）	（103万円）
合計所得金額	＋公的年金等控除額	＝収入金額
（48万円）	（110万円）	（158万円）

◇共働き夫婦に子がいる場合

家族の中に納税者が２人いるような場合（共働き夫婦のケース）は，その扶養する親族（例えば子）をどちら側の扶養親族とするかは自由である。この選択は「給与所得者の扶養控除等（異動）申告書」で行う。

通常は，所得の多い人の扶養親族とした方が，所得税率との関係から納税者に有利となる。

◇個人事業主の場合

個人事業者の親族が家族従業員として「青色事業専従者給与」を受けていたり，「白色申告者の事業専従者控除」の対象者になっている場合には，たとえその親族と生計を同一にしていても，扶養控除を適用することはできない（配偶者控除，配偶者特別控除も同じ）。

23所得控除②　配偶者控除と配偶者特別控除

◇要するに……

配偶者控除は，配偶者の合計所得金額が48万円（給与収入103万円）以下である場合，一定額が控除される。

なお，平成30年からは，納税者（夫）の合計所得金額が1,000万円を超えた場合には，適用がない。

配偶者特別控除は，納税者本人の所得が1,000万円以下である場合，配偶者の所得に応じて一定額の控除が適用される。

◇配偶者控除とは

配偶者控除は，正式な婚姻関係にある配偶者に適用される。妻にパート収入や内職収入がある時にも，年収103万円以下であれば，38万円が控除される。なお，平成30年からは，納税者（夫）の合計所得金額に応じて控除額が異なる。

納税者の合計所得金額	配偶者控除額	
	控除対象配偶者	老人控除対象配偶者
900万円以下	38万円	48万円
900万円超　950万円以下	26万円	32万円
950万円超　1,000万円以下	13万円	16万円
1,000万円超	0円	0円

◇配偶者特別控除とは

配偶者特別控除額は，配偶者の合計所得金額が133万円以下で控除対象配偶者に該当しない場合に適用がある。

結果として配偶者の年間収入が103万円超201.6万円未満であれば，配偶者特別控除が受けられる。

◇配偶者控除と配偶者特別控除を一緒に考える

配偶者控除と配偶者特別控除を所得税だけでなく住民税，公的年金保険料などに配慮して総合的に考えると，右表下のようになる。

結論からいうと，配偶者特別控除が受けられるのは配偶者の年収が103万円超201.6万円未満の時だが，健康保険や国民年金等を考えると130万円（106万円）未満に収入を抑えるのが賢い選択である。

<table>
<tr><th rowspan="2"></th><th colspan="2">配偶者の給与収入および合計所得金額</th><th colspan="4">納税者の合計所得金額</th></tr>
<tr><th>900万円以下</th><th>950万円以下</th><th>1,000万円以下</th><th>1,000万円超</th></tr>
<tr><th></th><th>給与収入（パート収入）</th><th>合計所得金額</th><th>控除額</th><th>控除額</th><th>控除額</th><th>控除額</th></tr>
<tr><td>配偶者控除</td><td>103万円以下</td><td>48万円以下</td><td>38万円（48万円）</td><td>26万円（32万円）</td><td>13万円（16万円）</td><td>0円</td></tr>
<tr><td rowspan="10">配偶者特別控除</td><td>150万円以下</td><td>95万円以下</td><td>38万円</td><td>26万円</td><td>13万円</td><td>0円</td></tr>
<tr><td>155万円以下</td><td>100万円以下</td><td>36万円</td><td>24万円</td><td>12万円</td><td>0円</td></tr>
<tr><td>160万円以下</td><td>105万円以下</td><td>31万円</td><td>21万円</td><td>11万円</td><td>0円</td></tr>
<tr><td>166.8万円未満</td><td>110万円以下</td><td>26万円</td><td>18万円</td><td>9万円</td><td>0円</td></tr>
<tr><td>175.2万円未満</td><td>115万円以下</td><td>21万円</td><td>14万円</td><td>7万円</td><td>0円</td></tr>
<tr><td>183.2万円未満</td><td>120万円以下</td><td>16万円</td><td>11万円</td><td>6万円</td><td>0円</td></tr>
<tr><td>190.4万円未満</td><td>125万円以下</td><td>11万円</td><td>8万円</td><td>4万円</td><td>0円</td></tr>
<tr><td>197.2万円未満</td><td>130万円以下</td><td>6万円</td><td>4万円</td><td>2万円</td><td>0円</td></tr>
<tr><td>201.6万円未満</td><td>133万円以下</td><td>3万円</td><td>2万円</td><td>1万円</td><td>0円</td></tr>
<tr><td>201.6万円以上</td><td>133万円超</td><td>0円</td><td>0円</td><td>0円</td><td>0円</td></tr>
</table>

（　）内は老人控除対象配偶者の場合

<table>
<tr><th rowspan="3">妻のパート収入</th><th colspan="4">夫の税金計算について</th><th colspan="2">妻の税金（※2）</th><th rowspan="3">妻の健康保険，公的年金保険への影響（※3）</th><th rowspan="3">一口メモ</th></tr>
<tr><th colspan="2">配偶者控除</th><th colspan="2">配偶者特別控除</th><th rowspan="2">所得税</th><th rowspan="2">住民税</th></tr>
<tr><th>所得税</th><th>住民税</th><th>所得税</th><th>住民税</th></tr>
<tr><td>100万円以下</td><td rowspan="2">○</td><td rowspan="2">○</td><td rowspan="2">×</td><td rowspan="2">×</td><td rowspan="2">かからない</td><td>かからない</td><td rowspan="3">・健康保険～夫の被扶養者になれる
・公的年金～サラリーマンの妻は第3号被保険者（保険料負担なし）</td><td>全く影響なし</td></tr>
<tr><td>100万円超
103万円以下</td><td>かかる</td><td>妻の住民税が発生する</td></tr>
<tr><td>103万円超
130万円未満</td><td rowspan="4">×</td><td rowspan="4">×</td><td rowspan="2">○</td><td rowspan="2">○</td><td rowspan="4">かかる</td><td rowspan="4">かかる</td><td>妻の所得税も発生する</td></tr>
<tr><td>130万円以上
150万円以下</td><td rowspan="3">妻が，国民健康保険，国民年金，社会保険に加入して保険料を支払う</td><td>妻の税額増加
国保，国年等負担発生</td></tr>
<tr><td>150万円超
201.6万円未満</td><td>△</td><td>△</td><td>夫の税額増加
妻の税額増加
国年等負担増加</td></tr>
<tr><td>201.6万円以上</td><td>×</td><td>×</td><td>夫の税額増加は頭打ち
妻の税額増加
国保，国年等負担増加</td></tr>
</table>

○＝受けられる　△＝受けられるが収入に応じて控除額減少
×＝受けられない
※1　納税者＝夫，配偶者＝妻と仮定
※2　妻の税金については，基礎控除以外の所得控除を考慮していない
※3　一定の法人は，106万円以上で社会保険加入

24 所得控除③　医療費控除

◇要するに……

医療費控除とは，納税者自身やその配偶者，子供のために医療費を支払った場合，実質負担額が10万円を超えると受けられる所得控除である（控除限度額200万円）。また，平成29年から，医療費については，医療費控除の特例との選択になった。

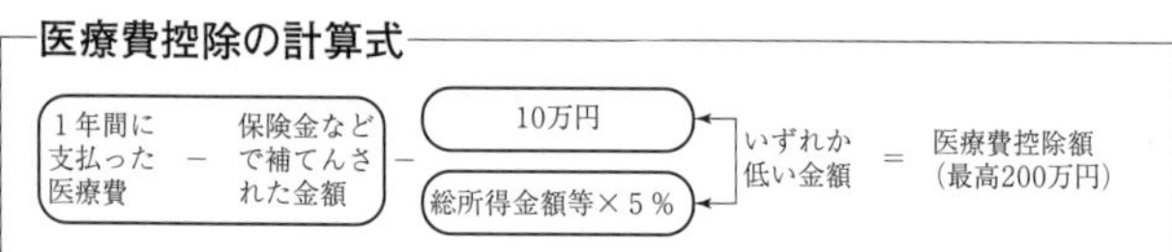

医療費控除の計算式
1年間に支払った医療費
−
保険金などで補てんされた金額
−
10万円
総所得金額等×5％
いずれか低い金額
＝
医療費控除額（最高200万円）

◇医療費控除の対象となる医療費，ならない医療費

	医療費控除の対象となるもの	医療費控除の対象とならないもの
治療・検査	○医師に支払った診察費，治療費 ○治療のためのマッサージ，はり，おきゅう，柔道整復の費用 ○健康診断（人間ドックなど）の費用（異常が見つかり，治療を受けることになった場合） ○オンライン診療代	×医師等に支払う謝礼金 ×成人病の定期検診，人間ドックの費用（異常なしの場合） ×ホクロをとるなどの美容整形費用 ×予防注射の費用 ×メガネを買うための眼科医で受けた検眼費用
歯科	○虫歯の治療費，金歯，入歯の費用 ○治療としての歯列矯正	×美容のための歯列矯正 ×歯石除去のための費用
医薬品	○医師の処方せんにより薬局で購入した医薬品 ○病気やケガの治療のために，病院に行かず，薬局で購入した医薬品	×疲労回復，健康増進，病気予防などのために購入した医薬品（ビタミン剤など）や漢方薬 ×医薬品の配送料
通院・入院	○通院や入院のための交通費 ○電車やバスでの移動が困難なため乗ったタクシー代 ○保健師や付添人などに療養上の世話を受けるために支払った費用	×通院のための自家用車のガソリン代 ×出産のための実家に帰る交通費 ×自己の都合で希望する特別室の差額ベッド料金など
出産	○妊婦中の定期検診費用，出産費用 ○助産師による分娩の介助料 ○流産した場合の手術費用，入院費用，通院費	×カルチャーセンターでの無痛分娩の受講料 ×母体保護法によらない妊娠中絶のための手術代
その他	○寝たきり老人の紙おむつ代（医師の証明書が必要） ○温泉利用型健康増進施設（クアハウス）の利用料金（医師の証明書が必要） ○オンラインシステム利用料	×通常のメガネ・コンタクトの購入費用 ×老齢者の使用する補聴器の購入費用

なお，医療費控除・医療税控除の特例の適用を受けるには確定申告する必要がある（年末調整では計算できない）。

◇医療費からマイナスするもの，しないもの

	マイナスするもの	マイナスしなくてよいもの
社会保険等からの給付金	療養費，移送費，出産育児一時金，家族療養費，家族移送費，家族出産育児一時金，高額療養費等	傷病手当金 出産手当金
生命保険・損害保険等からの給付金	傷害費用保険金，医療保険金，入院給付金等	傷病保険金，所得補償保険に基づく保険金

◇医療費控除でいくら税金が返ってくるか

> 年収800万円の給与所得者。家族は配偶者（無収入）と２人の子供。医療費が100万円，保険で30万円が補てんされた。年末調整で所得税は調整されたが，源泉徴収票によれば，課税総所得金額は350万円で，27.25万円の所得税を納めている。なお，復興特別所得税は考慮しない。

・医療費控除の金額　100万円－30万円－10万円＝60万円
・医療費控除後の課税総所得金額　350万円－60万円＝290万円
・算出税額　290万円×10％－9.75万円＝19.25万円
・還付税額　　27.25万円－19.25万円＝８万円

確定申告を行えば８万円の還付が受けられる。

◇医療費控除の特例（セルフメディケーション税制）

一定の取組（特定健康診査，予防接種，定期健康診断，健康診査，がん検診）を行う納税者が，納税者自身やその配偶者，子供のためにスイッチOTC医薬品の購入の対価を支払った場合，支払った金額が12,000円を超えると受けられる所得控除である（控除限度額88,000円）。この医療費控除の特例は，医療費控除との選択適用。

なお，この特例（セルフメディケーション税制）を利用するためには，その者が，一定の取組を行い，その取組を明らかにする書類は申告期限等から５年間は保管しておく必要がある（添付・提示は不要）。

また，対象商品の多くには，セルフメディケーション税制の対象であることを示す識別マークがついている。

25所得控除④　雑損控除

◇要するに……

地震や火災，風水害に関連してやむを得ない支出（災害関連支出）があった場合や，盗難などで住宅や家財などの財産に損害を受けた場合には「雑損控除」を受けることができる。

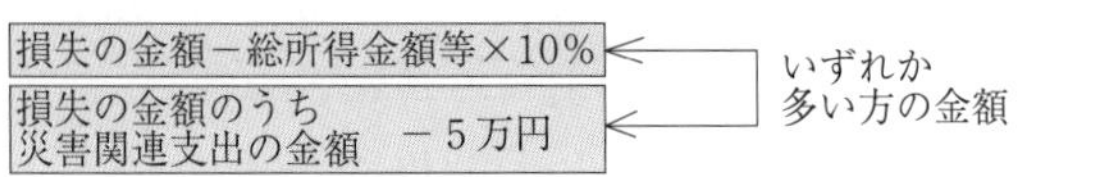

雑損控除の計算式

損失の金額－総所得金額等×10％	いずれか多い方の金額
損失の金額のうち災害関連支出の金額　－５万円	

◇雑損控除の適用要件

雑損控除が適用できるのは，納税者自身の有する資産および納税者と生計を同一にする親族（合計所得金額が48万円以下の人）の有する資産で「生活に通常必要であると認められるもの」が，損害を受けた場合に限られている。

したがって，別荘や時価30万円超の貴金属，クルーザー，競走馬，棚卸資産（商品）など，生活に特に必要とされない資産の損害は雑損控除の対象とはならない。

◇災害関連支出

生活に通常必要と認められる資産について損害を受けた場合の損失金額には，被害を受けた資産の損失額のほか，災害にあった住宅の取壊し費用などのいわゆる「災害関連支出」を含めることができる。災害関連支出があった場合には領収書をとっておくとよい。

◇確定申告が必要

雑損控除の適用を受けるためには，確定申告書の提出が必要で，盗難や横領の被害にあった時は警察署から，火災などの災害にあった時は消防署から「被害額届け出用の証明書」を取り寄せ，確定申告書に添付すること。

雑損控除の対象となる損害，ならない損害

	雑損控除の対象となるもの	雑損控除の対象とならないもの
発生原因	○自然現象による災害（震災，風水害，冷害，雪害など） ○人為による災害(火災,爆発など) ○白アリなど害虫による被害 ○盗難や横領による被害	×詐欺，強迫による被害 ×保証債務の履行による被害
資産の範囲	○生活に通常必要な資産（住宅，家具，衣類，現金など）	×別荘 ×競走馬その他射こう目的の動産 ×１個または１組の価額が30万円を超える貴金属,書画,骨とうなど ×機械など事業用固定資産

◇雑損失の繰越控除

雑損控除額が多額で，本年分の所得控除から控除しきれず所得がマイナスになった場合は，その控除しきれない雑損控除額を翌年以後３年間の所得から順次控除することができる。この制度のことを「雑損失の繰越控除」という。

数ある所得控除の中でも雑損控除は優先され，総所得金額から最初に差し引くことができ，繰越控除の制度もあるが，他の所得控除は差し引く順序もなく，不足額はその年限りで打ち切られる。

所得控除を総所得金額から差し引いても，なお引ききれない場合は，土地等の事業所得等の金額→短期譲渡所得の金額→長期譲渡所得の金額→申告分離課税の株式等の譲渡所得の金額→山林所得金額→退職所得金額の順序で差し引くことになる。

◇自然災害の場合「災害減免法」との選択ができる

住宅や家財が災害によって損害を受けた場合，雑損控除を受けるか災害減免法の適用を受けるか，いずれか有利な方を選択できる。

災害減免法は，合計所得金額が1,000万円以下の人で，その損失額が住宅と家財の時価の50％以上である場合に，所得税が軽減されるというもので，住民税には適用されない。

災害減免法による所得税の軽減額は右表のとおり。

災害減免法による所得税の軽減額

所得金額	所得税の軽減額
500万円以下	所得税額の全額
500万円超 750万円以下	所得税額の50％
750万円超 1,000万円以下	所得税額の25％
1,000万円超	なし

26 所得控除⑤　生命保険料控除と地震保険料控除

◇要するに……

生命保険料控除は平成24年1月1日以後に締結した契約から，保険の種類を「介護医療保険」，「一般の生命保険」，「個人年金保険」の3種類に分類し，各々最高4万円までの控除をすることができる。ただし，平成23年12月31日までに締結した契約については以前のとおりである。

◇生命保険料控除

控除額の計算は次のとおり（最高12万円）。

<table>
<tr><td rowspan="13">生命保険料控除</td><td colspan="2">支払った保険料の区分</td><td>支払った保険料</td><td>控除額</td></tr>
<tr><td rowspan="4">新契約のみ</td><td rowspan="4">新一般生命保険料
新個人年金保険料
介護医療保険料
である場合</td><td>20,000円以下</td><td>支払保険料の全額</td></tr>
<tr><td>20,000円超　40,000円以下</td><td>支払保険料×1/2＋10,000円</td></tr>
<tr><td>40,000円超　80,000円以下</td><td>支払保険料×1/4＋20,000円</td></tr>
<tr><td>80,000円超</td><td>40,000円</td></tr>
<tr><td rowspan="4">旧契約のみ</td><td rowspan="4">旧一般生命保険料
旧個人年金保険料
である場合</td><td>25,000円以下</td><td>支払保険料の全額</td></tr>
<tr><td>25,000円超　50,000円以下</td><td>支払保険料×1/2＋12,500円</td></tr>
<tr><td>50,000円超　100,000円以下</td><td>支払保険料×1/4＋25,000円</td></tr>
<tr><td>100,000円超</td><td>50,000円</td></tr>
<tr><td rowspan="4">両方</td><td rowspan="4">新契約と旧契約の両方に加入している場合</td><td colspan="2">次のいずれかの金額</td></tr>
<tr><td>新契約にのみ生命保険料控除を適用する場合</td><td>新契約に基づき計算した控除額（最高4万円）</td></tr>
<tr><td>旧契約にのみ生命保険料控除を適用する場合</td><td>旧契約に基づき計算した控除額（最高5万円）</td></tr>
<tr><td>新契約と旧契約に生命保険料控除を適用する場合</td><td>新契約に基づき計算した控除額と旧契約に基づき計算した控除額（最高4万円）</td></tr>
</table>

保険料を前納で払った場合は，次式により求められる金額をその年の保険料とする。

$$\text{前納保険料の総額} \times \frac{\text{前納保険料のその年中の納付期日回数}}{\text{前納保険料の納付期日の総回数}}$$

一時払保険料はその全額が，支払った年の控除対象となる。

一契約の保険料が9,000円超のものは，原則として証明書の添付が必要だが，基本的には保険会社から送付されてくる。

個人年金保険料控除については，次の要件を満たす個人年金保険契約等の保険料を支払った時に対象となる。

①年金の受取人は本人または配偶者であること

②保険料の払込みは10年以上の定期払いであること

③年金の支払期間は，本人が60歳もしくは重度の障害者となった日以降10年以上か終身年金であること

◇地震保険料控除

次の要件を満たす地震保険料を支払った場合には，支払った保険料の全額（最高５万円）を控除する。

①居住者等の有する居住用家屋，生活用動産を保険等の目的とする

②地震等を原因とする火災等に基因して，保険金が支払われる

なお，平成18年12月31日までに締結した長期損害保険料等については経過措置がある。

◇小規模企業共済等掛金控除

社会保険料控除とよく似たものに「小規模企業共済等掛金控除」がある。小規模企業共済は，小規模企業者が廃業，退職した場合，その後の生活の安定あるいは事業の再建などのための資金を準備しておく制度で，いわば「事業主の退職金制度」といえる。

中小企業基盤整備機構が運営し，毎月の掛金は1,000円から７万円までの500円刻みの金額で，全額「小規模企業共済等掛金控除」の対象となる。証明書を添付しての確定申告が必要（年末調整を受けた場合は不要)。

なお，納税者が配偶者の分を支払っても納税者の所得控除の対象とならないので注意が必要である（社会保険料控除は対象となる)。

27所得控除⑥　社会保険料控除

◇要するに……

社会保険料控除は，健康保険料，国民年金や厚生年金の保険料，共済組合の掛金，国民年金基金の掛金，雇用保険料などの社会保険料負担金の全額が対象になる。

◇給与所得者の社会保険料

給与所得者は，健康保険料，厚生年金保険料，雇用保険料などを給与等から差し引かれているが，その全額が社会保険料控除の対象となる。40歳以上の介護保険の被保険者は別途介護保険料がかかる。

	毎月の給与	賞与等
健康保険料(全国健康保険協会管掌健康保険の場合)	標準報酬月額 $\times \frac{97.5}{1000}$(全国平均)(労使折半)	賞与等の支払額 $\times \frac{97.5}{1000}$(全国平均)(労使折半)
厚生年金保険料	標準報酬月額 $\times \frac{183.00}{1000}$ (労使折半)	賞与等の支払額 $\times \frac{183.00}{1000}$ (労使折半)
雇用保険料(一般事業の場合)	賃金額(総支給額) $\times \frac{15.5}{1000}$ $\left(\frac{6}{1000}\right.$ が被保険者$\left.\right)$	賃金額(総支給額) $\times \frac{15.5}{1000}$ $\left(\frac{6}{1000}\right.$ が被保険者$\left.\right)$

※令和５年４月現在。

なお，健康保険料，雇用保険料は，健康保険の種類や地域，業種により保険料率が異なる。厚生年金では，基金加入者の場合は基金により，共済組合の場合は共済組合により異なる。

◇年間どれくらいの社会保険料を負担するか

顧客の所得税の該当税率が分かれば，税金のアドバイスも容易になるが，所得控除の中で最も金額が分かりづらいのが社会保険料控除である。給与所得者（一般事業）で標準報酬月額44万円，ボーナス支給額５ヵ月（７月，12月支給）の場合で令和６年４月時点を考えてみる（年収748万円，健康保険料率は97.5／1000とする）。

$$44\text{万円} \times \left(\frac{48.75}{1000}+\frac{91.5}{1000}+\frac{6}{1000}\right) \times 12\text{ヵ月} = 772{,}200\text{円}$$

$$44\text{万円} \times 5\text{ヵ月} \times \left(\frac{48.75}{1000}+\frac{91.5}{1000}+\frac{6}{1000}\right) = 321{,}750\text{円}$$

計　772,200円＋321,750円＝1,093,950円

ただし，実際には，毎年９月から標準報酬月額が変更され，厚生年金保険料率等が変わるので正確な数字を求めることは難しいといえる。

概算で求める場合は次の計算式を使うとよい。

月収×（12＋ボーナス支給月数）×0.14625

例　年収748万円（ボーナス支給月数５ヵ月を含む）

748万円×0.14625＝109万3,950円

◇個人事業者の社会保険料

個人事業者は，国民健康保険税（市町村により異なる），国民年金保険料，国民年金基金の掛金などを支払っている。

国民年金保険料は，令和６年度は月額１万6,980円である。国民年金基金は，掛金の上限が個人型確定拠出年金の掛金と合わせて６万8,000円（年額81万6,000円）までの範囲内で社会保険料控除が認められる。

また，生計を同一にする配偶者やその他の親族のために支払った社会保険料についても，全額が対象となる。

いずれにしても，個人事業者等の場合，自ら保険料，保険税を支払っているので，社会保険料控除の額は容易に理解することができる。

健康保険・厚生年金保険料の負担方法

１．保険料＝標準報酬月額×保険料率

標準報酬月額は，保険料や保険給付の計算の基礎となるもので，給与の額に応じて被保険者１人１人の標準になる額を，原則として４月，５月，６月に支払われる報酬月額の平均値で定める。健康保険は５万8,000円から139万円までの50等級，厚生年金は８万8,000円から65万円までの32等級ある。

	健康保険（協会けんぽ）※１	厚生年金
保険料率（原則として労使折半）	97.5／1000（全国平均）※２	183.00／1000

※１　組合健保は健保により保険料率は異なる

※２　40歳以上の介護保険の第２号被保険者は健康保険料に加えて介護保険料が徴収される

２．総報酬制

平成15年４月から，ボーナスからも毎月の給与と同じ保険料率で保険料が徴収されている。

28 課税総所得金額×所得税率＝算出所得税額

◇要するに……

総所得金額から所得控除の合計額を差し引いて「課税総所得金額」が出たら，これに所得税の超過累進税率を乗じる。出てきた金額が所得税の算出税額である。分離課税のものについては，課税所得金額にそれぞれの適用税率をかける。所得金額の前に「課税」がついたら税率をかけると考えればよい。

◇算出税額

各所得金額をプラス・マイナスした総所得金額から，課税の公平を図る意味で設けられた15種類の所得控除額を差し引いたものを課税所得金額という。総合課税のものが課税総所得金額である。

あとは単純に税率を乗じることにより，所得税の算出税額が求められる。

◇税額控除

算出税額が求められても，その額がそのまま納付税額に結びつくケースと，そうでない場合とがある。算出税額から再度，必要があれば税額控除を差し引く。

税額控除には政策的な観点から設けられた住宅ローン控除，法人税との調整のために設けられた配当控除，外国の税金との調整のために設けられた外国税額控除などがある。

〈税額控除の種類〉

①配当控除

②試験研究費の額が増加した場合等の特別控除

③給与等の支給額が増加した場合の所得税額の特別控除

④住宅ローン控除

⑤認定NPO法人等（認定NPO法人，公益社団等）に対する寄附金税額控除

⑥外国税額控除など

所得金額から申告納税額の算出までの流れ

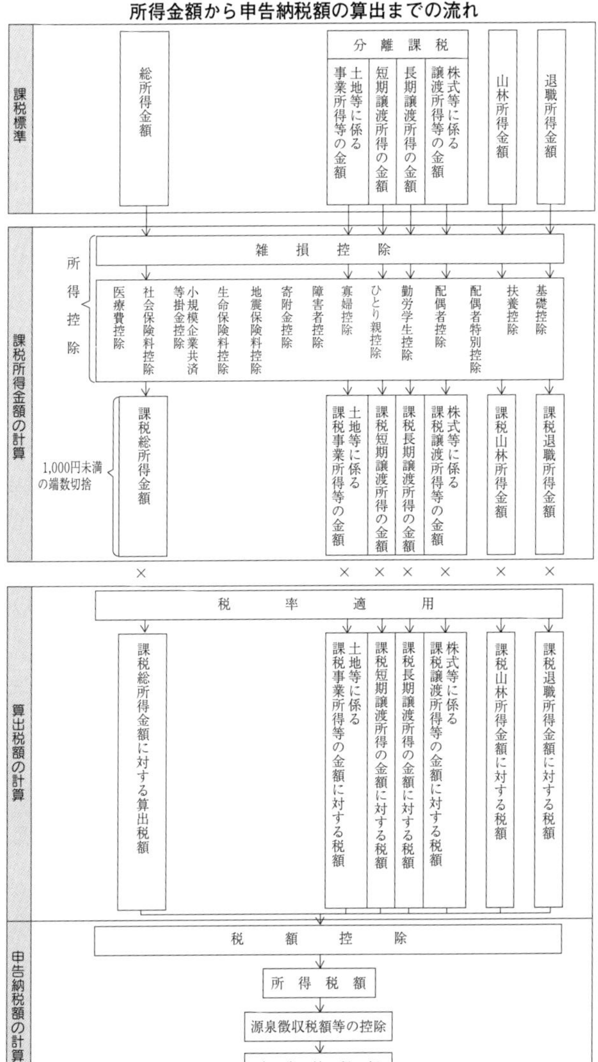

※1　「土地の譲渡に係る事業所得・雑所得」には平成10年1月1日から令和8年3月31日までの間の譲渡について分離課税の適用はない

※2　平成25年から令和19年までの間は基準所得税額に2.1％を乗じた金額（復興特別所得税）も併せて納税となる

29税額控除①　住宅ローン控除

◇要するに……

令和７年12月31日までの間に住宅ローンなどを利用して住宅を取得し入居した場合，または自分が住んでいる家屋の増改築を行った場合には、年末の住宅ローン残高に応じて，一定の金額が所得税額から差し引かれる。

住宅ローン控除は，令和４年税制改正により，控除率などが大きく変更されている。

◇住宅ローン控除

①新築・買取再販の場合

		令和４年・５年	令和６年・７年
借入限度額	一般住宅	3,000万円	0円
	認定住宅	5,000万円	4,500万円
	ZEH 水準省エネ住宅	4,500万円	3,500万円
	省エネ基準適合住宅	4,000万円	3,000万円
控除期間	一般住宅	13年	10年
	認定住宅・ZEH 水準省エネ住宅・省エネ基準適合住宅	13年	
控除率		0.7%	

②中古住宅の場合

		令和４年・５年	令和６年・７年
借入限度額	一般住宅	2,000万円	
	認定住宅・ZEH 水準省エネ住宅・省エネ基準適合住宅	3,000万円	
控除期間	一般住宅	10年	
	認定住宅・ZEH 水準省エネ住宅・省エネ基準適合住宅		
控除率		0.7%	

※ZEH（ゼッチ）は，Net Zero Energy House（ネット・ゼロ・エネルギー・ハウス）の略で，太陽光発電による電力創出，高効率の設備システムを導入するなどした省エネ性能が高い住宅のこと。

◇控除を受けるための主な要件

床面積要件	50㎡（40㎡）※以上（登記簿上の面積）
自己居住要件	床面積の２分の１以上が自己の居住の用に供されていること
借入金要件	償還期間，賦払期間が10年以上（原則として金融機関からのものに限る）
居住開始要件	住宅の取得等をした日から６ヵ月以内に居住すること
所得要件	適用年分の合計所得金額が2,000万円以内であること

※床面積の緩和措置（40㎡）については，合計所得所得金額が1,000万円以下で令和６年12月31日以前に建築確認を受けた新築住宅等の場合にも適用がある。

◇（子育て）特例対象個人の場合

（子育て）特例対象個人[※1]が認定住宅等[※2]を新築等して，令和６年中に居住の用に供した場合の借入限度額は，次のとおりである。

※１（子育て）特例対象個人とは，「夫婦のいずれかが40歳未満の世帯」または，「19歳未満の子を有する世帯」をいう。

※２認定住宅等とは，認定住宅，ZEH水準省エネ住宅，省エネ基準適合住宅をいう。

住宅の区分	借入限度額
認定住宅	5,000万円
ZEH水準省エネ住宅	4,500万円
省エネ基準適合住宅	4,000万円

◇住民税の住宅ローン控除（令和６年居住年の場合）

住宅ローン控除の控除額がその年分の所得税額から控除しきれない場合には，その控除しきれない金額を住民税から控除することができる。具体的には，その年の所得税の課税所得金額等×５％（最高9.75万円）を限度として，所得税額から控除できなかった金額を翌年の住民税額から控除できる。

30税額控除② 耐震改修控除

◇要するに……

居住用家屋（昭和56年5月以前に建築された一定のもの）に耐震改修工事を行った場合は，その年分の所得税額から，標準改修工事費用の10%相当額を控除する。令和４年分から必須工事の他に必須工事超過分やその他のリフォーム分も控除の対象。

◇所得税額の特別控除制度

居住者が，令和７年12月31日までの間に，その者の居住の用に供する家屋の耐震改修をした場合には，その者のその年分の所得税の額から，一定の控除額を控除することができる制度である。

この制度の対象となる住宅は，昭和56年５月31日以前に建築された住宅。また，確定申告書にこの控除を受ける金額についての記載があり，①控除を受ける金額の計算明細書・②住宅耐震改修証明書・③住民票の添付がある場合に適用される。

◇控除額（令和４年以降）

①必須工事

標準改修工事費用×10%

工事完了年	対象工事限度額	控除率	控除限度額
令和４・５年	250万円	10%	25万円

②その他工事（追加控除）

(イ)標準的な費用の額が必須工事の対象工事限度額を超える金額とその他リフォームの合計額

(ロ)標準的な費用の額（必須工事と併せて合計1,000万円）

(ハ)(イ)または(ロ)いずれか低い金額×５%

対象工事	対象工事限度額	控除率
必須工事およびその他のリフォーム	必須工事に係る標準的な費用相当額と同額まで（最大対象工事限度額は必須工事と合わせて1,000万円限度）	５%

31 税額控除③　認定住宅税額控除

◇要するに……

いわゆる200年住宅（認定長期優良住宅）を建築した場合には，住宅ローンがない場合でも，適用できる税額控除がある。

なお，平成26年４月以後は認定低炭素住宅の場合も適用がある。

また，令和４年以降はZEH水準省エネ住宅が追加された。

◇控除額

認定住宅の新築等にかかる標準的な性能強化費用相当額（650万円限度）×10％

※標準的な性能強化費用相当額とは，認定住宅の認定基準に適合するために必要となる標準的な性能強化費用に床面積を乗じた金額

床面積１㎡当たりの標準的な費用の額	４万5,300円

◇その他

①明細書および一定の書類の添付が要件である

②その年分の合計所得金額が2,000万円以下の場合に限り適用がある

③前記住宅ローン控除と選択適用

④控除額をその年の所得税額から控除できない場合には，翌年の所得税額から控除することができる

32税額控除④　特定改修工事の税額控除

◇要するに……

住宅ローン控除は，ローン残高があることが前提だが，ローン残高がなく，バリアフリー改修工事，省エネ改修工事および多世帯同居改修工事，一定の子育て対応工事などを行った場合にも，適用できる税額控除がある。

令和４年分から必須工事の他に必須工事超過分やその他のリフォーム分についても控除の対象となる。

◇バリアフリー改修控除

(1)控除額

①必須工事

標準的な工事費用相当額×10％（20万円限度）

（補助金がある場合には控除後）

②その他工事（追加控除）

(イ)標準的な費用の額が必須工事の対象工事限度額を超える金額とその他リフォームの合計額

(ロ)標準的な費用の額（必須工事と併せて合計1,000万円）

(ハ)(イ)または(ロ)いずれか低い金額×５％

(2)その他

①その年の合計所得金額が2,000万円を超える場合には，適用がない

②住宅ローン控除との選択

◇省エネ改修控除

(1)控除額

- 必須工事

標準的工事費用相当額×10％（25万円限度）

（補助金がある場合には控除後）

「省エネ改修工事と併せて太陽光発電装置を設置する場合の改」

└修工事限度額は350万円，控除限度額は35万円　┘

(2)その他

①上記のバリアフリー改修控除と併せて年間20万円が限度

②その年の合計所得金額が2,000万円を超える場合には適用がない

③住宅ローン控除との選択

◇多世帯同居改修控除

(1)控除額（平成28年４月以降に居住の場合）

①必須工事

標準的工事費用相当額×10％（25万円限度）

（補助金がある場合には控除後）

②その他工事（追加控除）

(イ)標準的な費用の額が必須工事の対象工事限度額を超える金額とその他リフォームの合計額

(ロ)標準的な費用の額（必須工事と併せて合計1,000万円）

(ハ)(イ)または(ロ)いずれか低い金額×５％

(2)その他

①その年の合計所得金額が2,000万円を超える場合には適用がない

②住宅ローン控除との選択

◇子育て世帯等改修工事

（子育て）特例対象個人が，子育てに対応した住宅へのリフォームを行う場合に標準的な工事費用額の10％を控除する。

控除額の計算は，多世帯同居型改修工事と同様（対象工事の最大控除額25万円）

(1)（子育て）特例対象個人

「夫婦のいずれかが40歳未満の世帯」「19歳未満の子を有する世帯」

(2)その他

①その年の合計所得金額が2,000万円を超える場合には，適用がない

②住宅ローン控除との併用

③令和６年４月１日から令和６年12月31日まで工事をして居住の用に供すること

33 税額控除⑤　住宅関係まとめ

◇要するに……

ローン残高がなくても適用できる税額控除と，既存の制度（住宅ローン控除）と選択適用である。ここで，住宅に関する税額控除の関係をまとめてみる（令和６年居住の場合）。

◇住宅（居住用）の新築等

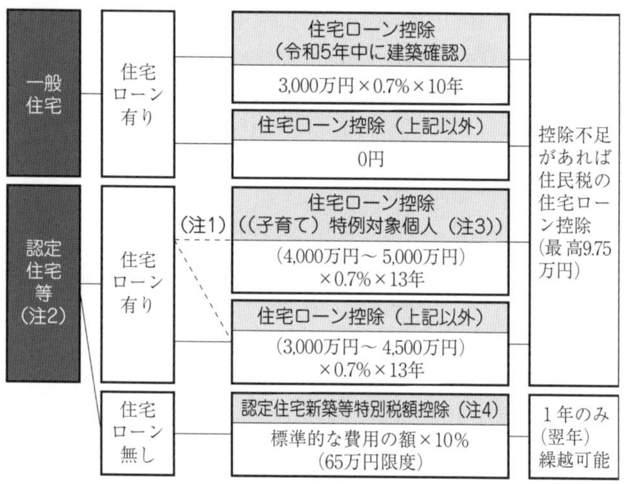

◇既存住宅（居住用）の取得

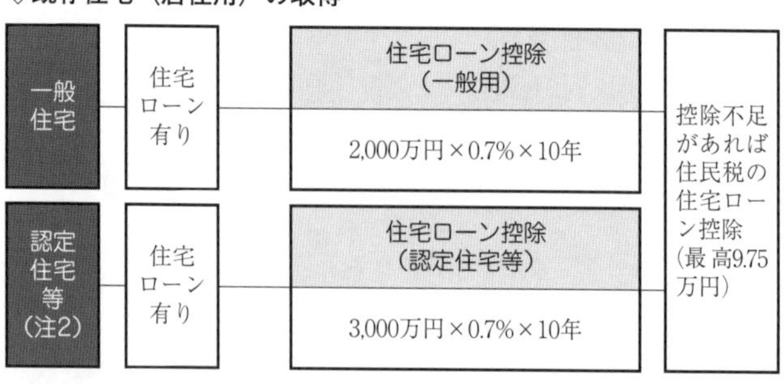

◇省エネ，バリアフリー，多世帯同居工事（特定増改築）

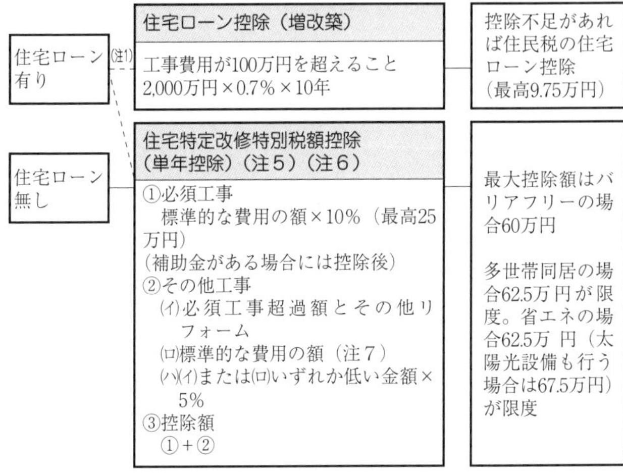

住宅ローン有り
(注1)
住宅ローン無し
住宅ローン控除（増改築）
工事費用が100万円を超えること
2,000万円×0.7%×10年
控除不足があれば住民税の住宅ローン控除
（最高9.75万円）
住宅特定改修特別税額控除
（単年控除）（注５）（注６）
①必須工事
標準的な費用の額×10%（最高25万円）
（補助金がある場合には控除後）
②その他工事
(イ)必須工事超過額とその他リフォーム
(ロ)標準的な費用の額（注７）
(ハ)(イ)または(ロ)いずれか低い金額×5%
③控除額
①+②
最大控除額はバリアフリーの場合60万円
多世帯同居の場合62.5万円が限度。省エネの場合62.5万円（太陽光設備も行う場合は67.5万円）が限度

◇住宅耐震改修

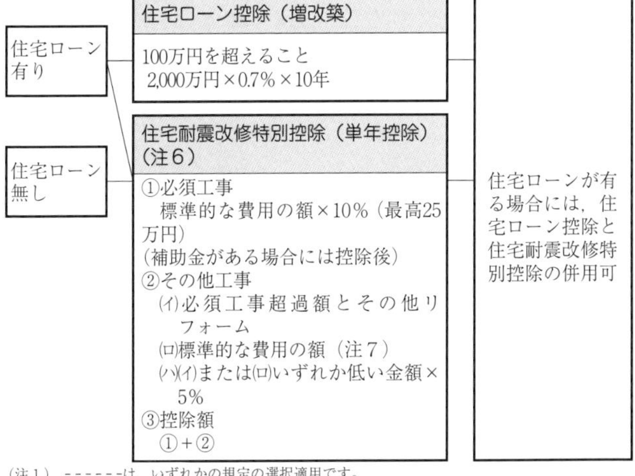

住宅ローン有り
住宅ローン無し
住宅ローン控除（増改築）
100万円を超えること
2,000万円×0.7%×10年
住宅耐震改修特別控除（単年控除）
（注６）
①必須工事
標準的な費用の額×10%（最高25万円）
（補助金がある場合には控除後）
②その他工事
(イ)必須工事超過額とその他リフォーム
(ロ)標準的な費用の額（注７）
(ハ)(イ)または(ロ)いずれか低い金額×5%
③控除額
①+②
住宅ローンが有る場合には，住宅ローン控除と住宅耐震改修特別控除の併用可

（注１） ------は，いずれかの規定の選択適用です。
（注２） 認定住宅等とは，認定住宅，ZEH水準省エネ住宅および省エネ基準適合住宅をいう。
（注３） （子育て）特例対象個人とは，夫婦のいずれかが40歳未満または，19歳未満の子を有する世帯。
（注４） 認定住宅新築等特別税額控除の対象に，令和４年以降はZEH水準省エネ住宅を追加。
（注５） 多世帯同居改修工事については，平成28年４月以降に居住した場合に対象。
（注６） 上記の省エネ改修工事や耐震改修工事と併せて行う，一定の耐久性向上改修工事（長期優良住宅化リフォーム）も平成29年４月から対象。
（注７） 標準的な費用の額は，必須工事と併せて合計1,000万円。

34 税額控除⑥　配当控除，外国税額控除他

◇要するに……

配当控除は，株式配当金に対し企業段階で法人税が，個人段階で所得税がかかるという二重課税の矛盾を調整するために設けられたもので，配当所得の10%（課税所得金額が1,000万円を超えている部分は5%）が控除される。

外国税額控除は，外国に源泉のある所得で外国税が課税された場合，その年の国内税額から控除するもの。

◇配当控除

配当控除とは，居住者が内国法人から受ける剰余金の配当，利益の配当，剰余金の分配にかかる配当所得を有する場合の控除である。

配当控除額は次式により算出する（剰余金の配当等以外は省略）。

(1)課税総所得金額が1,000万円以下である場合

配当所得の金額×10%＝配当控除額

(2)課税総所得金額が1,000万円を超える場合

①配当所得の金額のうち（課税総所得金額－1,000万円）の金額に達するまでの金額Ⓐ×5%

②配当所得の金額のうちⒶ以外の金額×10%

③①＋②＝配当控除額

配当控除額の計算方法

課税総所得金額	1,000万円	配当控除金額（所得税）
1,000万円以下の場合	配当以外の所得 800万円／配当 100万円 ×10%	（100万円×10%）10万円
配当所得を加えると1,000万円を超える場合	配当以外の所得 800万円／配当 200万円 ×10%／配当 300万円 ×5%	（200万円×10%＋300万円×5%）35万円
配当所得以外の所得が1,000万円を超える場合	配当以外の所得 1,100万円／配当 200万円 ×5%	（200万円×5%）10万円

※住民税の場合　10%→2.8%，5%→1.4%と率を変えて同じように計算する

◇所得金額によっては申告した方が有利

上場株式等（大口株主を除く）の配当については，金額にかかわらず，非上場株式，上場株式等のうち大口株主の少額配当については，申告不要を選択することができる。

ただし，申告不要を選択した場合については，配当控除の適用がない（配当控除は，申告した場合について適用がある）。

所得金額によっては，申告不要を選択しないで配当所得として確定申告し，配当控除を選択した方が有利な場合がある。

総合課税と申告不要の判定（配当控除10%の場合）

課税所得	所得税	住民税	税金合計	判定（20%と比較）
0～195万円	5%－10%＝△	10%－2.8%（住民税の配当控除率）＝7.2%	7.2%	総合課税
195～330万円	10%－10%＝0		7.2%	総合課税
330～695万円	20%－10%＝10%		17.2%	総合課税
695～900万円	23%－10%＝13%		20.2%	申告不要

令和6年度分住民税（令和5年分所得）からは所得税と異なる課税方法は選択できなくなったので選択時注意が必要である。

◇外国税額控除

外国の所得税に相当する税を課された場合は，その税額を控除することができる。ただし，外国税額控除は，外国に源泉のある所得に対応する部分の税額として按分計算された金額が上限。

$$所得税の控除限度額＝その年分の所得税額\times\frac{その年分の国外所得総額}{その年分の所得総額}$$

所得税額から控除しきれない場合は，次の算式による控除限度額の範囲で都道府県民税額から，それでも控除不足分が残る時は市町村民税額から控除する。

都道府県民税の控除限度額＝所得税の控除限度額×12%
市町村民税の控除限度額＝所得税の控除限度額×18%

なお，一定の要件のもとに控除限度額等を翌年以降3年間繰り越すことも認められている。

35 源泉徴収税額と予定納税額

◇要するに……

算出税額から税額控除を差し引いたものが「再差引所得税額」といわれるものである。なお，平成25年から令和19年までの間は基準所得税額の2.1％を乗じた金額（復興特別所得税）も併せて納税となる。ここから源泉徴収税額を差し引いたものが，申告納税額である。

予定納税額がある人は，上記の申告納税額から，予定納税額をさらに控除し，第３期分の税額とする。

◇源泉徴収税額

所得税は「申告納税制度」が建前だが，その補完として「源泉徴収制度」がある。給与，利子，報酬・料金など一定の所得の支払者は，原則としてその支払日に所定の所得税額を徴収し，翌月10日までに「所得税徴収高計算書」（納付書）で納付しなければならない。この支払者を源泉徴収義務者という。

源泉徴収された所得税額は，給与は年末調整により，報酬・料金などは確定申告により精算される。これが源泉徴収税額を差し引く作業である。なお，平成25年から令和19年までの間は基準所得税額に2.1％を乗じた金額（復興特別所得税）も併せて徴収される。

源泉徴収される所得と税額（一例）

所得の種類	源泉徴収義務者	徴収税額	備　考
利子	利子等の支払者	所得税　15% 住民税　５%	マル優等は非課税
配当	配当等の支払者	所得税　20%または15% 住民税　0%または５%	
給与	給与等の支払者	給与所得の源泉徴収税額表で求めた税額	年末調整も行う
報酬・料金	報酬・料金等の支払者	支払額×10%	１回の支払金額が100万円を超える部分は20%
生命保険契約に基づく年金	$\left(\text{支払金額}-\text{支払金額}\times\dfrac{\text{保険料・掛金の総額}}{\text{年金支給総額見込額}}\right)\times 10\%$		
公的年金	公的年金等の支払者	（公的年金等の支給額－控除額）×５%	

◇予定納税額

一定の条件を満たす人は予定納税を行う必要がある。

税務署は，前年の確定申告をした人について，前年の所得金額（譲渡所得・一時所得・雑所得等の金額を除いた課税総所得金額。ただし「土地等に係る課税事業所得等の金額」を含む）に対する税額から源泉徴収税額を控除して予定納税基準額を計算する。

この予定納税基準額が15万円以上である場合には，税務署は予定納税基準額をその年の６月15日までに納税者に通知する。

納税者は，税務署から通知された予定納税基準額の３分の１ずつを７月と11月の２回に分けて予定納税する必要がある。

ただし，失業や災害など一定の理由によりその年の税金が通知された予定納税基準額より少なくなる見込みの時は，７月15日および11月15日までに税務署に予定納税額の減額申請ができる。

予定納税額がある場合，第３期分を確定申告で納税するが，これまで予定納税した税額との調整を行う。その作業が，予定納税額の控除である。

◇定額減税

令和６年分については，定額減税がある。給与の源泉徴収税額や予定納税額については，通年と異なる（６頁参照)。

◇災害減免額

納税者や生計を一にする控除対象配偶者，扶養親族が震災，風水害，火災などで住宅および家財に損害を受けた場合，損害額がその時価の２分の１以上で，かつ，納税者の合計所得金額が1,000万円以下の場合には，選択により，雑損控除に代えて次表の税額の減免（控除）を受けることができる。

災害減免額がある場合は，税額控除を差し引いた後に再度差引きを行うことになる（65頁参照)。

災害による免除割合

合計所得金額による区分	軽減免除の割合
500万円以下	所得税額の全額
500万円超　750万円以下	所得税額の50％
750万円超　1,000万円以下	所得税額の25％

36 平均課税

◇要するに……

毎年の所得金額に大きな変動を生じがちな所得（変動所得・臨時所得）がある人については，一定の要件のもとに平均課税の方法をとることが認められている。

平均課税は，超過累進税率の適用を緩和し，税負担の不公平を調整しようというものなので，条件を備えている時は，この方法の方が常に有利となる。実務的には，貸地の権利金収入，更新料収入がある場合などは注意が必要。

◇変動所得とは

変動所得に該当する所得は，次のような所得である。

・漁獲もしくはのりの採取から生ずる所得
・はまち，まだい，ひらめ，かき，うなぎ，ほたて貝もしくは真珠（真珠貝を含む）の養殖から生ずる所得
・原稿もしくは作曲の報酬にかかる所得または著作権の使用料にかかる所得

◇臨時所得とは

臨時所得とは，事業所得，不動産所得，雑所得のうち次の所得をいう。

・プロ野球選手など，一定の者に専属して役務を提供する人が，3年以上の期間の専属契約を結ぶことにより一時に受ける契約金などで，その金額が契約の報酬年額の2倍以上であるもの
・土地や家屋等の不動産や，借地権，耕作権など土地の上に存する権利などを，3年以上の期間他人に使用させることにより，一時に受ける権利金，更新料，承諾料や頭金で，その金額が契約による使用料年額の2倍以上であるもの（ただし，借地権の設定の対価等で，譲渡所得として課税されるものを除く）
・公共事業の施行などに伴い，従来営んでいた事業を休止，転換，

廃止などすることにより，３年以上の期間分の事業所得などの補償金として支払いを受けるもの

・その他，事業用資産について，鉱害その他の災害により被害を受けたことにより，３年以上の期間分の事業所得等の補償金として支払いを受けるもの

◇平均課税の選択の要件

その年の変動所得と臨時所得の金額の合計額が，その年の総所得金額の100分の20以上あること。

ただし，その年の変動所得の金額が前年分および前々年分の変動所得の金額の合計額の２分の１に相当する金額以下の時は，その年の臨時所得の金額が総所得金額の100分の20以上であること。

◇平均課税の場合の計算式

平均課税を選択した場合は，次の算式によって求めた調整所得金額に対する税額と特別所得金額に対する税額との合計が所得税額となる。

①調整所得金額に対する税額

課税総所得金額－平均課税対象金額×$\frac{4}{5}$＝調整所得金額

調整所得金額×税率＝税額……Ⓐ

（注１）課税総所得金額が平均課税対象金額以下の場合には，課税総所得金額の５分の１相当額が調整所得金額となる

（注２）平均課税対象金額とは次の計算式で求めた金額

［その年分の変動所得の金額］－［前年および前々年の変動所得の合計］×$\frac{1}{2}$＋［その年分の臨時所得の金額］

②特別所得金額に対する税率

（課税総所得金額－調整所得金額）×平均税率……Ⓑ

（注）平均税率の求め方

Ⓐ÷調整所得金額＝平均税率（小数点第3位以下切捨）

③その年分の所得税額

Ⓐ＋Ⓑ＝所得税額

37確定申告

◇要するに……

所得税は，納税者が自分で１年分の所得から税金を計算し，翌年の２月16日から３月15日までの期間に確定申告書を税務署に提出して税金を納める申告納税制度を原則としている。

給与所得者は，所得税が給与から源泉徴収され，年末調整により税額が精算されるが，確定申告をしなければならない人もいる。

◇確定申告を要する人

確定申告をしなければならない人は，次表のとおり。

一般の人	各種所得金額の合計額から所得控除を差し引き税率を適用して計算した税額が，配当控除額等より多い人
給与所得者	給与収入が2,000万円超であるなど一定の人。一定の人以外は確定申告不要（詳しくは下記を参照）
退職所得者	退職金の支払いを受ける際に，「退職所得の受給に関する申告書」を提出しなかった人などで一定の人。一定の人以外は原則として，確定申告不要
公的年金等所得者	公的年金等の収入金額が400万円以下でその他の所得が20万円以下の人は確定申告不要。それ以外の人は申告が必要

◇サラリーマンの申告

サラリーマンで確定申告をしなければならないのは，次のような場合である。

①給与の収入金額が2,000万円を超える場合

②１ヵ所から給与の支払いを受ける人で「給与所得以外の所得」(注)が20万円を超える場合

（注）「給与所得以外の所得」には，次の所得は含まれない

ⓐ配当所得のうち確定申告しないことを選択したもの

ⓑ源泉分離課税とされる利子所得や金融類似商品の収益，割引債の償還差益

ⓒ確定申告不要を選択した源泉徴収選択口座の上場株式に係る譲渡所得

③給与を２ヵ所以上から受けている人で，年末調整を受けない

従たる給与の収入金額と給与所得以外の所得との合計額が20万円を超える場合。ただし，すべての給与収入金額が「150万円＋所得控除額（雑損控除，医療費控除，寄附金控除，基礎控除を除く）」以下で，しかも給与所得以外の所得が20万円以下の人は確定申告する必要はない

④同族会社の役員やその親族などで，その会社から給与のほかに貸付金の利子や不動産の賃貸料などの支払いを受けている人

また，確定申告の義務がない人でも，源泉徴収された所得税などが納め過ぎになっている人がいる。

このような人は，所得税の還付を受けるための確定申告をすれば，納め過ぎの税金が還付される。

①所得が少ない人で，配当所得，原稿料などの雑所得がある時
②（新築）住宅を取得した人（住宅ローン控除が受けられる）
③多額の医療費がかかった人（医療費控除が受けられる）
④災害などで損害を受けた人（雑損控除または災害減免法による税額軽減が受けられる）
⑤年の途中で退職し，就職しなかったため年末調整を受けられなかった人

◇申告と納税

確定申告の義務のある人が２月16日から３月15日までに確定申告書を提出し，納税しないと無申告加算税を徴収される。

納税は税務署，郵便局，金融機関で行うが，事前に振替納税の手続きをすれば，取引金融機関の口座から振替納税を利用することができる。この場合，口座引落日は４月中旬となるため納税者にとっては有利な取扱いとなる。

確定申告書を提出した時に申告もれの所得があったような場合には，修正申告を行う。また余分な税金を申告してしまった時は確定申告書の提出後原則として５年以内であれば更正の請求を行える。

38青色申告

◇要するに……

不動産所得，事業所得または山林所得のある人で，所轄税務署長の承認を受けた人は，青色申告者になることができる。

青色申告には，青色申告特別控除，専従者給与の必要経費算入，各種引当金や準備金の設定，純損失の繰越控除や繰戻還付などいろいろな特典がある。

◇青色申告者となるための手続き

青色申告の承認を受けようとする人は，３月15日まで（１月16日以後新たに業務を開始した場合は，その業務を開始した日から２ヵ月以内）に，「青色申告承認申請書」を納税地の所轄税務署長に提出しなければならない。

この申請をした時は，承認の通知があったときはもちろん，その年の12月31日（その年11月１日以後新たに業務を始めた人は，翌年２月15日）までに承認や却下の通知がなかったときは，青色申告が承認されたものとみなす。

◇青色申告の帳簿

青色申告者は，所定の帳簿を備え付け，毎日の取引を正確に記帳しておく必要がある。

その帳簿は，次のうちいずれかとされているが，簡単な帳簿でもよいので，そう難しいことではない。

①正規の簿記……年末に貸借対照表と損益計算書を作成できるような複式簿記により記帳することが，原則として要求される。

②簡易簿記……複式簿記によらずとも，現金出納帳，経費帳，売掛帳，買掛帳，固定資産台帳を備え付けて，簡略な記帳をするだけでもよいとされている。

③現金式簡易簿記……前々年の所得が300万円以下の人は，さらに簡単な現金式簡易簿記による記帳でも認められる。

青色申告者への恩典

①青色申告特別控除

事業所得または不動産所得を生ずべき事業を営む青色申告者（現金主義による所得計算をする人を除く）で，これらの所得に係る取引を正規の簿記（一般的には複式簿記）の原則に従い記録，「損益計算書」に加えて「貸借対照表」を期限内提出の確定申告書に添付した人の場合は55万円（電子申告している場合は65万円），それ以外の青色申告者の場合は10万円が特別に控除される。

②青色事業専従者給与

事業者と生計を同一にしている配偶者や15歳以上の親族で，もっぱらその事業に従事している人に支払った適正な給与は，全額必要経費となる。

③貸倒引当金

年末の売掛金や貸付金の5.5%（金融業は3.3%）相当額を，「貸倒引当金」として必要経費にすることができる。

④純損失の繰越し・繰戻し

事業所得などに損失が出た時，その損失額を翌年以降3年間にわたって順次各年の所得から差し引くことができる。また，前年も青色申告をしている人は，損失額を前年の所得から控除し，既に納付している前年分の所得税の還付を受けることもできる。

⑤不服申立の特例

青色申告をしている人は，青色申告にかかる更正処分については，税務署長に対する「異議申立」を経ずに，直接，国税不服審判所長に「審査請求」ができる。

（注）55万円（65万円）の青色申告特別控除・青色事業専従者給与については，事業的規模が要件である。したがって，不動産所得者の場合には「５棟10室基準」の要件を満たす必要がある

39所得税と個人住民税との関係

◇要するに……

住民税とは，道府県民税と市町村民税（東京都の特別区では特別区民税）の総称であり，個人の住民税と法人の住民税とがある。個人の住民税は，すべての納税者に均等に課税される「均等割」と所得金額に応じて課税される「所得割」とがある。

◇所得割は前年の所得に課税される

所得割は，毎年１月１日現在の個人の住所地の地方公共団体が，前年中の所得金額により算定する。したがって令和６年度の住民税は令和５年の所得にかかる。ただし，退職所得は現年課税であり，所得税と同様に源泉徴収（特別徴収）される。

なお，土地・建物にかかる分離課税のものについては次章で述べる。

住民税の速算表（所得割）

課税所得金額	税率
一律	10%

◇均等割

均等割の税額については，次のように定められている。

市町村民税	道府県民税
3,000円	1,000円

なお，平成26年度から令和５年度までの間は，復興特別個人住民税として各均等割額に500円追加となる。なお，令和６年度からは森林環境税として1,000円追加となる。

◇申告と納税

原則は３月15日までに住民税の確定申告を行うことになっているが，所得税の確定申告書を税務署に提出した場合は，住民税の申告書を提出する必要はない。

前年の所得が給与所得のみの場合は，雇用主から市町村へ給与支払報告書が1月31日までに提出されるので，申告の必要はない。

納税は，普通徴収と特別徴収に分かれる。

・普通徴収……申告書をもとに税額を計算した市町村は，納税通知書により納税者に税額を通知する。これにより6月，8月，10月，翌年1月に等分して納税する。これが普通徴収である。

・特別徴収……給与支払報告書をもとに税額を計算，5月31日までに給与の支払者と給与所得者に通知する。給与支払者は，税額の月割額を，その年の6月から翌年5月まで毎月の給与から源泉徴収し翌月の10日までに納める。これが特別徴収である。

◇税額の計算方法

住民税の所得割額は，所得税の場合とほとんど同様の方法で計算する。ただし，所得控除額と税率，税額控除が異なっている。

①所得控除（94頁参照）

②税額控除……住民税の場合，配当控除の税率が異なり，寄附金控除は税額控除となる。

住民税の配当控除

課税所得	率
①1,000万円以下の場合	2.8%
②1,000万円を超える場合 1,000万円以下の部分 1,000万円を超える部分	 2.8% 1.4%

なお，令和6年度は定額減税（6頁参照）がある。

◇住民税の非課税限度額

低所得者層の税負担に配慮するため，個人住民税について非課税限度額が定められている。

①所得割　所得金額≦35万円×（本人，控除対象配偶者および扶養親族の数）＋10万円＋32万円（控除対象配偶者等がいる場合のみ）

②均等割　所得金額≦35万円※×（本人，控除対象配偶者および扶養親族の数）＋10万円＋21万円（控除対象配偶者等がいる場合のみ）

※1級地の場合（2級地—31.5万円　3級地28万円）

40所得税，住民税の寄附金控除

◇要するに……

寄附をした場合の所得税の取扱いは，原則として所得控除であった。

そこに，認定NPO法人に対する寄附（平成23年税制改正）など新しく税額控除が創設された。所得控除と税額控除では，効果が大きく異なる点は注意。

また，住民税の寄附金控除は，税額控除である。「通常の寄附金税額控除」といわゆる「ふるさと寄附控除」がある。

◇主な所得税の寄附金控除と寄附金税額控除

①寄附金控除

国や地方公共団体等に対して「特定寄附金」を支出した場合には，以下の金額が寄附金控除として所得控除を受けることができる。つまり，この金額に該当する適用税率を乗じた金額が節税額となる。

特定寄附金（総所得金額等の40％限度）－2,000円

②認定非営利活動法人に対する寄附金税額控除

認定非営利活動法人に対し，特定非営利活動に係る事業に関連する寄附をした場合には，以下の金額が税額控除として受けることができる（所得税額の25％限度）。

｛特定非営利活動に対する寄附金（総所得金額等の40％限度）－2,000円｝×40％

③公益社団法人等に対する寄附金税額控除

公益社団法人等に対する一定の寄附金（税額控除対象寄附金）がある場合には，以下の金額の税額控除を受けることができる（所得税額の25％限度）。

｛税額控除対象寄附金（総所得金額等の40％限度）－2,000円｝×40％

◇住民税の寄附金控除

住民税の寄附金控除は税額控除である。「通常の寄附金税額控除」といわゆる「ふるさと寄附控除」がある。

①通常の寄附金税額控除

住民税の寄附金税額控除の対象となる寄附をした場合には，以下の金額が税額控除できる。

{対象寄附金(総所得金額等の30%限度)－2,000円} ×10%

②ふるさと寄附控除

地方公共団体等へ一定の寄附をした場合には，上記①の寄附金税額控除の他に以下の金額（所得割の20%限度）を追加して税額控除できる。

なお，ふるさと寄附控除は，自分の出身地に限定されるわけではなく，自分が寄附（支援）したい地方公共団体でかまわない。

(地方公共団体等に対する寄附金－2,000円)×(90%－所得税の限界税率０～45%)

（注）上記所得税の限界税率０～45%は，復興特別所得税を考慮すると０～45.945%となる。

③ワンストップ特例

確定申告不要な給与所得者等が寄附を行う場合はワンストップで控除を受けられる「ふるさと納税ワンストップ特例制度」がある。

この特例を受ける場合には，ふるさと納税の自治体数が５団体以内の必要がある。また，医療費控除など確定申告書を提出した場合には「ワンストップ特例」の適用は受けられない。

④返戻品

ふるさと納税の返戻品は一時所得の対象となる。

〈参考〉住民税の所得控除一覧

<table>
<tr><th colspan="2">種　類</th><th colspan="3">所得控除額</th></tr>
<tr><td colspan="2">雑損控除</td><td colspan="3">配当所得などにより控除額に差が生じることがある</td></tr>
<tr><td colspan="2">医療費控除</td><td colspan="3">同　上</td></tr>
<tr><td colspan="2">社会保険料控除</td><td colspan="3">所得税と同じ</td></tr>
<tr><td colspan="2">小規模企業共済等掛金控除</td><td colspan="3">同　上</td></tr>
<tr><td rowspan="3">生命保険料控除（※1・※2）</td><td></td><td>支払保険料</td><td colspan="2">控除額</td></tr>
<tr><td>平成23年12月31日以前に契約(旧契約)した
一般生命保険料
個人年金保険料　各々</td><td>15,000円以下
15,000円超～40,000円以下
40,000円超～70,000円以下
70,000円超</td><td colspan="2">全額
保険料×$\frac{1}{2}$+7,500円
保険料×$\frac{1}{4}$+17,500円
一律35,000円</td></tr>
<tr><td>平成24年1月1日以後に契約(新契約)した
介護医療保険料
一般生命保険料
個人年金保険料　各々</td><td>12,000円以下
12,000円超～32,000円以下
32,000円超～56,000円以下
56,000円超</td><td colspan="2">全額
保険料×$\frac{1}{2}$+6,000円
保険料×$\frac{1}{4}$+14,000円
一律28,000円</td></tr>
<tr><td colspan="2">地震保険料控除</td><td colspan="3">一定の地震保険料を支払った場合には地震保険料の合計額×$\frac{1}{2}$（最高2.5万円）
（注）平成18年12月31日まで締結した長期損害保険料等を支払った場合には経過措置あり</td></tr>
<tr><td colspan="2">障害者控除</td><td colspan="3">障害者1人につき　26万円
特別障害者1人につき　30万円
同居特別障害者1人につき　53万円</td></tr>
<tr><td colspan="2">寡婦控除</td><td colspan="3">26万円</td></tr>
<tr><td colspan="2">ひとり親控除</td><td colspan="3">30万円</td></tr>
<tr><td colspan="2">勤労学生控除</td><td colspan="3">26万円</td></tr>
<tr><td colspan="2" rowspan="5">配偶者控除</td><td rowspan="2">納税者の合計所得金額</td><td colspan="2">控除額</td></tr>
<tr><td>控除対象配偶者</td><td>老人控除対象配偶者</td></tr>
<tr><td>900万円以下</td><td>33万円</td><td>38万円</td></tr>
<tr><td>950万円以下</td><td>22万円</td><td>26万円</td></tr>
<tr><td>1,000万円以下</td><td>11万円</td><td>13万円</td></tr>
<tr><td colspan="2" rowspan="3">配偶者特別控除</td><td>900万円以下</td><td colspan="2">3万円～33万円</td></tr>
<tr><td>950万円以下</td><td colspan="2">2万円～22万円</td></tr>
<tr><td>1,000万円以下</td><td colspan="2">1万円～11万円</td></tr>
<tr><td colspan="2" rowspan="7">扶養控除</td><td>区　分</td><td>年　齢</td><td>控除額</td></tr>
<tr><td>年少扶養親族</td><td>16歳未満</td><td>0円</td></tr>
<tr><td rowspan="2">一般の控除対象扶養親族</td><td>16歳以上19歳未満</td><td>33万円</td></tr>
<tr><td>23歳以上70歳未満</td><td>33万円</td></tr>
<tr><td>特定扶養親族</td><td>19歳以上23歳未満</td><td>45万円</td></tr>
<tr><td>老人扶養親族</td><td rowspan="2">70歳以上</td><td>38万円</td></tr>
<tr><td>同居老親等</td><td>45万円</td></tr>
<tr><td colspan="2">基礎控除</td><td colspan="3">最高43万円（0円，15万円，29万円，43万円）</td></tr>
</table>

※1　新旧双方の契約がある場合は，各々の算式で計算した金額。ただし，各々28,000円が限度

※2　生命保険料控除は，介護医療保険料控除，一般の生命保険料控除，個人年金保険料控除を合わせて7万円が限度

第2章

土地・建物にかかる税金

1 土地・建物と税金

◇要するに……

「地租」(土地税) という言葉があるように，土地にかかる税金は，最も古いタイプの税金である。土地，建物を取得した時，移転が生じた時，あるいは保有している時に税金がかかる。

◇税の対象としての土地

土地に税金を課そうとする場合，誰の所有なのか，その価値または収益がいくらなのかを確定する必要がある。そのために次のような行政上の措置が行われている。

〈地籍〉

土地について，その地目，地積 (面積)，所有者を明らかにするのが「地籍」という制度である。現在，地籍の各事項は，登記所に備え付けられた全部事項証明書 (土地登記簿) の「表題部」に土地の所在地 (地番)，地目，地積が，「権利部」の「甲区」欄に所有権 (所有者) が，「乙区」欄に所有権以外の権利の内容が記載されている。

〈固定資産税課税台帳〉

不動産，償却資産には固定資産税が課せられているが，この課税の基礎となっているのが固定資産税課税台帳である。

地籍で述べた各事項のほか，評価額が記載されており，固定資産税の課税標準算定のもととなっている。この評価証明が登記の時に添付され，登録免許税算定の参考にもなっている。

◇土地に関する法律

まず，民法で，不動産について第86条に「土地およびその定着物は不動産とする」と規定される。また民法の物権編には，所有権，地上権，永小作権，地役権，先取特権，質権，抵当権，賃借権，採石権などの得喪，効力などについて規定されている。

不動産にかかる税金

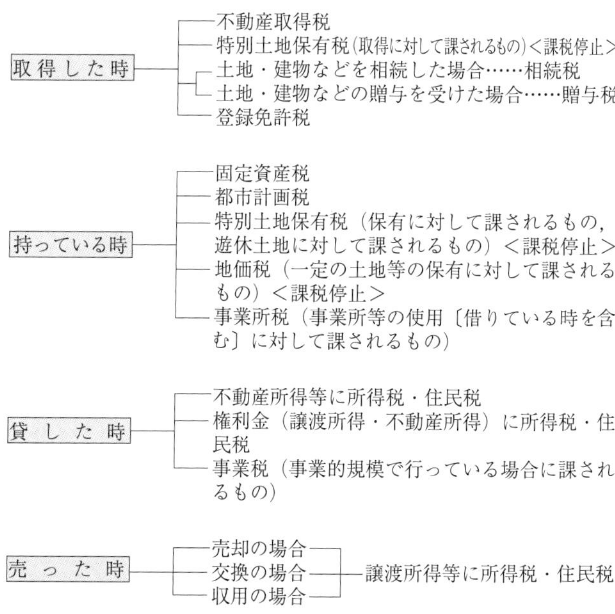

不動産についての主な法律は次のとおりである。

〈不動産登記法〉

不動産に関する権利の設定，保存，移転，変更，処分の制限または削減などの登記について定めた法律であり，不動産についてこれらの変動があった時は登記手続きを完了しなければならない。

〈土地収用法〉

公共の利益となる事業に必要な土地などの収用または使用に関してその要件，手続きおよび効果ならびにこれに伴う損失の補償などについて規定している法律である。

〈その他〉

このほか宅建業法，借地借家法，旧借家法，地上権ニ関スル法律など，それぞれの目的によって設けられているので，土地の問題を学ぶ上では一読し概略だけでもつかんでおくことが望ましい。

[2]土地・建物を取得した時の税金

◇要するに……

土地を取得した時には，登録免許税，不動産取得税，そして，「不動産の譲渡に関する契約書」に添付すべき印紙税がかかる。

◇登録免許税

土地・建物を購入し，その所有権を全部事項証明書（不動産登記簿）に登記する場合には，登録免許税が課税される。税金の納付は登記申請書に収入印紙を貼ることにより行う。

①土地の所有権移転登記の場合

税額＝土地の価額×次の税率

土地の価額……通常の場合，固定資産税評価額
税率……………土地を売買によって取得した場合：1.5%※
　　　　　　　相続または法人の合併による場合：0.4%

※平成24年４月１日から令和８年３月31日までの場合

②建物の保存登記，移転登記の場合

土地と同様に「固定資産税評価額×税率」により計算する。税率は次表のとおり（住宅特例は自宅のみ該当，アパートは非該当）。

登記の種類	内　容	税　率	
		通　常	住宅特例
表示登記	建物を新築した場合，その建物の所有地，番地，家屋番号を記載するための登記	非課税	非課税
保存登記	新築した建物について初めて所有者であることを示すための登記	0.4%	0.15%
移転登記	他人から売買などによって建物を取得した場合，その所有権を移すための登記（売買の場合）	2％	0.3%
抵当権設定登記	建物の建築資産を受けた場合，その借入金に対し担保を設定する登記	0.4%	0.1%

◇不動産取得税

不動産取得税は，土地・建物などの不動産を取得した時に課せられる税金である。売買による取得だけでなく交換や贈与も含む。

不動産取得税は地方税で，不動産の所在する都道府県の財源となる。土地を買った時の不動産取得税は次のように計算する。

①土地の場合

固定資産税評価額×$\frac{1}{2}$(令和９年３月31日まで)×３％

②建物の場合

「固定資産税評価額×３％」が基本。「店舗事業用家屋」は４％。

◇印紙税

印紙税は，契約書や証券・証書など印紙税法に定める文書に対して課税される。不動産の譲渡契約書および工事請負契約書にかかる印紙税額は次のとおり（平成26年４月１日から令和９年３月31日までの印紙税率)。

<table>
<tr><th>記載金額</th><th>不動産譲渡契約</th><th>工事請負契約</th></tr>
<tr><td>1万円未満</td><td colspan="2">非課税</td></tr>
<tr><td>1万円以上　10万円以下</td><td rowspan="2">200円</td><td rowspan="4">200円</td></tr>
<tr><td>10万円超　50万円以下</td></tr>
<tr><td>50万円超　100万円以下</td><td>500円</td></tr>
<tr><td>100万円超　200万円以下</td><td rowspan="3">1,000円</td></tr>
<tr><td>200万円超　300万円以下</td><td>500円</td></tr>
<tr><td>300万円超　500万円以下</td><td>1,000円</td></tr>
<tr><td>500万円超1,000万円以下</td><td colspan="2">5,000円</td></tr>
<tr><td>1,000万円超5,000万円以下</td><td colspan="2">10,000円</td></tr>
<tr><td>5,000万円超　1億円以下</td><td colspan="2">30,000円</td></tr>
<tr><td>1億円超　5億円以下</td><td colspan="2">60,000円</td></tr>
<tr><td>5億円超　10億円以下</td><td colspan="2">160,000円</td></tr>
<tr><td>10億円超　50億円以下</td><td colspan="2">320,000円</td></tr>
<tr><td>50億円超</td><td colspan="2">480,000円</td></tr>
<tr><td>記載金額なし</td><td colspan="2">200円</td></tr>
</table>

3 不動産取得税

◇要するに……

不動産取得税は不動産を買った時にかかるものであるが，いくつかの軽減措置もある。新築住宅を買った時，中古住宅用の土地を取得した時などである。

通常，宅地の不動産取得税は，土地の価額×$\frac{1}{2}$×３％で計算する。

※取得した不動産の価格の２分の１が課税標準額（令和９年３月31日までに取得のもの）

ケース

令和６年５月に165㎡の土地（宅地）を500万円で取得した。その土地は住宅の建築を目的としたものではなく，投機的なもの。物件の固定資産税評価額は375万円であった。

不動産取得税＝375万円×$\frac{1}{2}$×３％＝56,250円

◇住宅を新築した場合の1,200万円控除

土地や建物などの不動産を取得した時は，不動産取得税がかかる。建物を新築または購入した場合の不動産取得税は「固定資産税評価額×税率」により計算される。また，住宅を新築もしくは新築住宅を購入した場合には，一定の要件のもとに固定資産税評価額から1,200万円（共同住宅の場合は１戸あたり1,200万円）を控除して税額を計算する特例が設けられている。

なお，長期優良住宅等については，新築した場合の1,200万円控除に代えて，一定の要件のもとに固定資産税評価額から1,300万円を控除する特例が設けられている。

〈適用要件〉

各独立区画（各戸）の床面積	自己居住部分	50㎡ 以上240㎡ 以下
	貸家部分	40㎡ 以上240㎡ 以下

※一戸建ての貸家の場合，床面積要件は自己居住部分と同じ要件となる

◇中古住宅を取得した場合の控除

中古住宅を購入した場合にも，その建築年に応じて次の金額を課税標準から控除して税額を計算する特例が設けられている。

建築された日	控除額
平成９年４月１日～	1,200万円
平成元年４月１日～平成９年３月31日	1,000万円
昭和60年７月１日～平成元年３月31日	450万円
昭和50年７月１日～昭和60年６月30日	420万円
昭和51年１月１日～昭和56年６月30日	350万円

〈適用要件〉

各独立区画（各戸）の床面積	50㎡以上240㎡以下
取得住宅の築年数（※）	耐火建築物…………25年 その他の建築物……20年
居住者に関する要件	自己居住のもの（自宅）に限る

※平成17年４月１日以後に取得した住宅は新耐震基準に適合していることを条件に築年数徹廃

◇特例適用住宅用地の減額

特例適用住宅用地の減額とは，住宅の敷地を取得し，その上に一定の要件を満たす住宅（特例適用住宅）の新築等を行った場合，次の①，②のうちいずれか多い方の金額を，税額から控除するというものである。

①４万5,000円

②課税標準×$\dfrac{\text{住宅の床面積}\times 2^{※}}{\text{敷地面積}}$×３％

※１戸あたり200㎡を限度

◇税率（標準税率）

区　分		本則税率	特例税率	備　考
土　地		4%	3%	特例税率は，平成18年4月1日から令和９年3月31日までの間にその取得が行われた場合に適用
家　屋	住　　宅	4%	3%	
	住宅以外	4%	―	

4 土地を保有している時の税金

◇要するに……

土地を所有していると，毎年1月1日現在の所有者に対して固定資産税課税台帳の評価額を基準にして「固定資産税」や「都市計画税」などが課税される。軽減措置については次項の5参照。

◇固定資産税

固定資産税は，毎年1月1日の固定資産税課税台帳に登録された評価額を基準に課税する。この固定資産税評価額は原則として3年に1回改定され，3年間は同じ評価額によることになっている。次の改定年度は令和6年度である。

固定資産税の税額は，下記の区分に応じる金額の1.4%である。

商業地等		住宅用地	
負担水準	金　額	負担水準	金　額
70%超	固定資産税評価額×70%	90%以上	前年度の課税標準額×1.0
60%以上	前年度課税標準額×1.0	90%未満	前年度課税標準額＋固定資産税評価額×住宅用地特例割合(1/3または1/6)×5%＝Ⓑ(※2)
60%未満	前年度課税標準額＋固定資産税評価額×5%＝Ⓐ(※1)		

※1　Ⓐの上限は固定資産税評価額の60%，下限は固定資産税評価額の20%

※2　Ⓑの上限は固定資産税評価額×住宅用地特例割合(1/3または1/6)の90%，下限は固定資産税評価額×住宅用地特例割合(1/3または1/6)の20%

※3　商業地等の70%超については条例等により減額される場合がある

〈負担水準とは〉

負担水準とは，固定資産税評価額に対して前年の課税標準額がどのくらいであったかを示すもの。

住宅の敷地（住宅用地と店舗や事務所の敷地（非住宅用地）では求め方が異なる。

●非住宅用地の負担水準

$$負担水準＝\frac{前年度の課税標準額}{当該年度の固定資産税評価額}×100（\%）$$

●住宅用地の負担水準（小規模住宅用地）

$$負担水準＝\frac{前年度課税標準額}{当該年度の固定資産税評価額×\frac{1}{6}}×100（\%）$$

なお，一般の住宅に該当する宅地がある場合には，分母が「当該年度の固定資産税評価額×$\frac{1}{3}$」となる。

◇都市計画税

都市計画税は，市町村が都市計画事業または土地区画整理事業に要する費用に充てるため設ける目的税である。市町村は，その市町村の区域のうち都市計画区域内に所在する土地または家屋に対し，その価額を課税標準として，その土地または家屋の所有者にこの税を課することができる。都市計画税の税率は各市町村で定めるが，その最高（制限税率）は0.3％とされ，その課税時期，賦課期日，納期等は固定資産税と同じで，固定資産税を賦課徴収する場合に都市計画税も合わせて賦課徴収することにしている。

◇特別土地保有税（当分の間凍結）

特別土地保有税は，昭和48年７月１日以後，新たに一定規模以上の土地を取得した場合または昭和44年１月１日以後に取得した土地を保有している場合において，その取得者または保有者に対して，昭和48年度から課税されている。ただし，平成15年の税制改正により，当分の間は課税されないこととなった。

課税標準は土地の実際の取得価額であり，税率は土地の取得に対するものが100分の3，土地の保有に対するものが100分の1.4である。

ただし，これらの税率によって計算した税額から，これらの土地にかかる不動産取得税額（取得の場合），固定資産税額（保有の場合）に相当する金額は控除することになっている。

◇地価税（当分の間凍結）

地価税の課税対象は，個人や法人の所有する国内になる土地および借地権等（土地等）であり，その納税義務者は課税時期（毎年１月１日）における土地等の所有者（個人および法人）である。

地価税の課税標準は，課税時期において保有する土地等の価額の合計額（相続税評価額による価額の合計額で，課税価格という）であるが，さらに基礎控除を差し引くことになっている。

基礎（定額）控除額は，次のいずれか多い金額である。

・15億円（資本金１億円超10億円以下の法人８億円，10億円超の法人５億円）

・保有土地面積×３万円

5 固定資産税の軽減措置他

◇要するに……

固定資産税には，住宅用地や新築住宅に対し，軽減措置が設けられている。

◇住宅用地に対する課税標準の軽減

次の要件にあてはまる住宅用地の固定資産税の課税標準額は，通常の課税標準額の３分の１に，住宅用地のうち200㎡以下の部分の土地は，小規模住宅用地として課税標準が６分の１に軽減される。

①もっぱら人の居住の用に供する家屋

・その土地が家屋の床面積の10倍を超える場合にはその10倍の面積に相当する土地に限られる

②その一部を人の居住用の敷地に供されている土地

・居住用部分の割合が25％以上のものであること

・居住用割合が25％以上50％未満の場合は，床面積の10倍までの面積の50％について適用される

・５階以上の耐火建築物の場合は，居住用割合が25％以上50％未満

住宅用地の課税標準の軽減

<table>
<tr><th colspan="3">その敷地にかかる家屋の種類</th><th>課税標準とされる額</th></tr>
<tr><td colspan="3">もっぱら人の居住の用に供する家屋</td><td>敷地面積全部について……通常の課税標準×1/3（1/6）</td></tr>
<tr><td rowspan="3">一部を居住の用に供する家屋（店舗併用住宅など）</td><td colspan="2">居住用割合25％以上50％未満</td><td>敷地面積の1/2について……通常の課税標準×1/3（1/6）</td></tr>
<tr><td colspan="2">居住用割合50％以上</td><td>敷地面積全部について……通常の課税標準×1/3（1/6）</td></tr>
<tr><td></td><td>5階建以上の耐火構造の家屋で居住用割合50％以上75％未満</td><td>敷地面積の3/4について……通常の課税標準×1/3（1/6）</td></tr>
</table>

※１　カッコ内の1/6は小規模住宅用地に適用される

※２　200㎡を超える住宅用地については，200㎡までの部分が小規模住宅用地として，200㎡を超える部分が一般住宅用地として扱われる

※３　上記「敷地面積」は家屋の床面積の10倍が限度とされる

の場合は敷地面積の50%，居住用割合が50%以上75%未満の場合は敷地面積の75%に相当する土地に限られる

◇新築住宅に対する固定資産税の軽減

新築住宅の建設および土地の高度利用を促進するため，次のような特例が設けられている。

①令和８年３月31日までに新築された住宅で次の各要件に該当するもの（次の②の中高層建築物は除く）は，新たに固定資産税を課される年度から３年間，その家屋の床面積120㎡までに係る部分の税額の２分の１が軽減される

(ア)家屋の床面積のうち住宅部分（別荘部分を除く）が２分の１以上のもの

(イ)家屋の床面積（併用住宅にあっては居住用部分，共同住宅にあっては１戸ごと）が50㎡以上（戸建以外の貸家住宅は40㎡以上）280㎡以下であること

②令和８年３月31日までに新築の中高層耐火建築物（地上階数３以上のもの）で次の各要件に該当するものは，新たに固定資産税を課される年度から５年間その住宅部分の床面積120㎡までに係る部分の税額の２分の１が軽減される

(ア)新築された中高層耐火建築物（主要構造部が耐火構造または準耐火構造のもの）であること

(イ)全家屋の全床面積のうち住宅部分（別荘部分を除く）の床面積が２分の１以上のもの

(ウ)住宅部分の１戸あたりの床面積がいずれも50㎡以上（戸建以外の貸家住宅は40㎡以上）280㎡以下のもの

③②の規定は，高齢者向け賃貸住宅について準用され３分の２が軽減される。ただし，戸建以外の貸家住宅の床面積の下限は35㎡

④認定長期優良住宅については，上記①の場合は５年間，②の場合は７年間，２分の１に軽減される

◇タワーマンションの固定資産税

高さ60mを超えるタワーマンションの固定資産税について階層により差異が設けられている。

6 土地等を譲渡した時の税金

◇要するに……

土地・建物等を売った時の売却益は「譲渡所得」となり，他の所得とは分離して課税される。この譲渡所得にかかる税金は，譲渡した土地・建物等の所有期間が５年を超えるかどうかにより，長期譲渡と短期譲渡に分けられ，それぞれ別の方式で課税される。

◇長期譲渡所得と短期譲渡所得の判断

長期譲渡所得とは，売却した年の１月１日で所有期間が５年を超える土地等を譲渡した場合で，令和６年中の売却では平成30年12月31日以前に取得したものの譲渡が該当する。

短期譲渡所得とは，売却した年の１月１日で所有期間が５年以下の土地等を譲渡した場合で，令和６年中の売却では平成31年１月１日以後に取得したものの譲渡が該当する。

なお，取得の日とはその資産の引渡しを受けた日をいうが，売買契約などの効力が発生した日を取得の日として申告することも認められている。

また，譲渡の日については，原則として資産を買い主などに引き渡した日だが，売買契約などの効力発生の日によることもできる。

◇譲渡所得金額の計算

次頁の計算式によるが，取得費と特別控除額が問題となる。

①取得費の留意点

建物などの減価償却資産の取得費……その資産の取得価額，設備費，改良費の合計額から，償却費相当額を差し引いて計算する。事業用資産の場合は，譲渡時までの償却費の累計額である。

相続財産を譲渡した場合の取得費の特例……相続税の対象となった土地等を，相続開始から相続税の申告期限後３年以内に譲渡した場合には〈相続財産の取得費に加算できる金額〉の計算式で出た金額を取得費に加算することができる。

課税譲渡所得金額の計算式

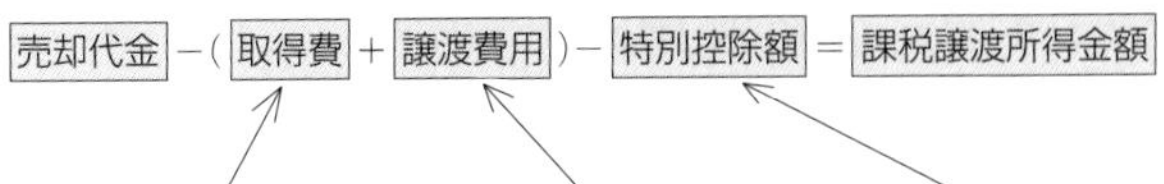
売却代金 −（取得費 ＋ 譲渡費用）− 特別控除額 ＝ 課税譲渡所得金額

・売却した資産の取得価額（減価償却費相当額控除後） ・購入後に要した設備費用など。ただし，取得費が不明であったり，低額の時は「売却代金×５％」で計算してよい	・仲介手数料 ・売却のための登記費用 ・借家人等の立退料 ・建物の解体費用 ——など	・マイホームの売却の場合（所有期間に関係なく）……3,000万円 ・国や地方公共団体に買い取られた場合……5,000万円 ——など

②特別控除額

譲渡した土地建物についての主な特別控除額は以下のとおり。

特例が受けられる譲渡	特別控除額
①自分が居住している家屋やその敷地を譲渡した場合	3,000万円
②土地収用法などによって国や地方公共団体などに土地や建物などが買い取られた場合	5,000万円
③国や地方公共団体，都市再生機構などが行う特定の土地区画整理事業等のために土地等を譲渡した場合	2,000万円
④地方公共団体，都市再生機構，地方住宅供給公社などが行う特定住宅地造成事業等のために土地等を譲渡した場合	1,500万円
⑤農地保有合理化等のために農地等を譲渡した場合	800万円

◇税率を適用する

課税譲渡所得金額が出たら，税率を適用し，所得税額，住民税額を求める。なお，平成25年から令和19年までの間は，基準所得税額に2.1％を乗じた金額（復興特別所得税）も併せて課税される。

		所得税	住民税
一般の長期譲渡		15％	５％
優良住宅地造成のための長期譲渡	2,000万円以下の部分 2,000万円超の部分	10％ 15％	４％ ５％
10年超保有の居住用財産の譲渡	6,000万円以下の部分 6,000万円超の部分	10％ 15％	４％ ５％
短期譲渡（所有期間５年以下）		30％	９％

7 取得費と譲渡費用

◇要するに……

取得費とは，資産を買った時に要した費用に，その後に設備を増加させた費用や改良のために支払った費用を加えたものである。

建物の場合は，ここから償却費相当額を差し引く。

このほか概算取得費（譲渡収入×５％）とすることもできる。

◇償却費相当額

土地などの資産を除き，大部分の資産は時の経過とともに価値が減少していく。そうした建物などの取得費は，その資産の取得費，設備費，改良費の合計額から，価値の減少分（「償却費相当額」という）を差し引いて計算しなければならない。この償却費相当額の計算方法は，事業などに使用していた場合とそれ以外とで異なる。

①事業などに使用していた資産の場合（旧定額法の場合）（注１）

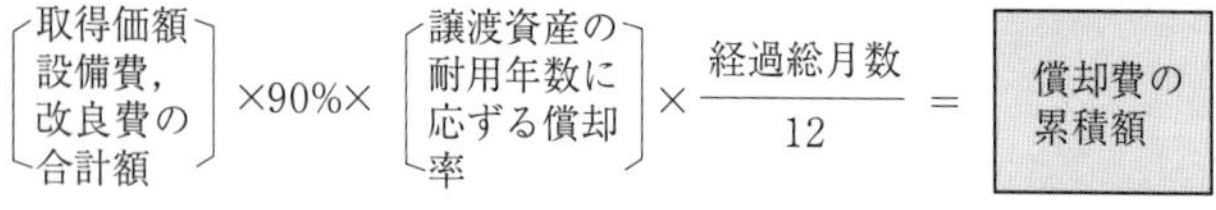

②事業などに使用していなかった資産の場合

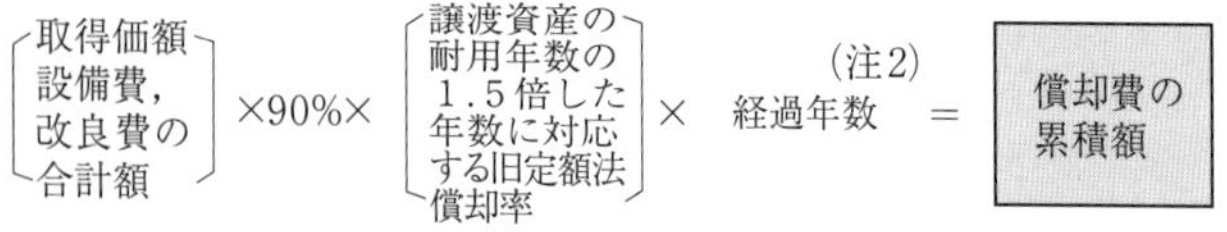

※償却率については33頁を参照
(注1) 平成19年4月1日以後取得の資産については定額法で計算する
(注2) 6月未満切捨て　6月以上切上げ

◇概算取得費

取得費の計算については，納税者の便宜と所得計算を簡単にする見地から，譲渡による収入金額の５％相当額とする特例が設けられている。もちろん，実際の取得費であるその土地等の取得に要した金額と改良費の合計額が譲渡による収入金額の５％相当額を超えることを納税者が証明した場合には，その金額が取得費となる。

土地建物等の譲渡収入金額 × 5％ ≦ （土地）土地の取得に要した金額と改良費 （建物）建物の取得に要した金額に設備費と改良費を加えた合計額から償却費相当額を差し引いた額（本人によって証明された額）

◇**相続により取得した土地を譲渡した場合の取得費**

相続や遺贈によってもらった財産について，相続開始から相続税の申告書の提出期限の翌日以後3年以内にその財産を譲渡した場合には，その譲渡した資産の取得費は，次に示した計算式のとおりとなる。

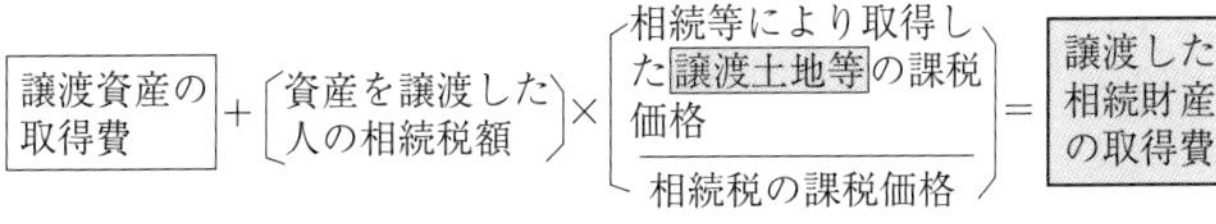

譲渡資産の取得費
＋
資産を譲渡した人の相続税額
×
相続等により取得した譲渡土地等の課税価格
相続税の課税価格
＝
譲渡した相続財産の取得費

（注）土地等以外の資産についての計算式もあるが，省略する

◇**譲渡費用**

譲渡に要した費用には，譲渡のために直接支出した仲介手数料，測量費のほか，譲渡のために借家人を立ち退かせる場合の立退料の額も含まれる。

なお，譲渡資産を取得するために要した負債の利子（譲渡資産の使用開始の日までの分を除く），修繕費その他の家屋の維持または管理に要した費用は，譲渡所得計算上の費用とはならない。

8 一般の長期譲渡税の税額計算

◇要するに……

税率は所得税15%，住民税５％の計20%の一段階である。

◇一般の長期譲渡所得の計算例

ケース１

昭和47年に100万円で取得した土地（空地）を令和６年７月に8,600万円で譲渡し，譲渡費用は300万円かかった。この時の譲渡税はいくらか。なお，復興特別所得税は考慮しない。

・課税長期譲渡所得金額の計算

（譲渡収入）　（概算取得費）　（譲渡費用）
8,600万円－{(8,600万円×5%)＋300万円}＝7,870万円

・所得税額の計算

7,870万円×15%＝1,180.5万円

・住民税額の計算

7,870万円×５％＝393.5万円

・合計　1,180.5万円＋393.5万円＝1,574万円

ケース２

17年前に新築した住宅（土地100万円，家屋100万円）を本年３月に1,500万円で息子（長男）に売却し，譲渡費用は10万円かかった。この場合の譲渡税はいくらか。なお，建物の耐用年数は22年であり，復興特別所得税は考慮しない。

直系血族への譲渡は，3,000万円の特別控除の適用はなく，一般の譲渡（長期）所得となる。また，建物の耐用年数は，事業ではないため1.5倍となる（108頁参照）。

・家屋の取得費の計算

100万円－（100万円×90%×0.031×17年）＝52.57万円
※耐用年数22年×1.5＝33年
よって償却率は0.031(182頁参照)

・課税長期譲渡所得金額の計算

（譲渡収入）　　（土地取得費）（家屋取得費）　（譲渡費用）
1,500万円－（100万円＋52.57万円＋10万円）＝1,337.43万円

→1337.4万円（千円未満切捨）

・税額　所得税　1,337.4万円×15％＝200.61万円
　　　　住民税　1,337.4万円×５％＝66.87万円

◇確定申告

土地・建物等を譲渡した場合の確定申告は，第三表（分離課税用）を追加して行う。

所得税は確定申告により３月15日までに納付するが，振替納税制度を利用すれば４月中旬頃に口座から引き落とされる。この場合，定期預金等に預けておけば約１ヵ月間利息収入が多く得られる。

住民税は，所得税の確定申告書に基づき，６月，８月，10月，そして翌年１月の４回に分けて納付することになるが，一括納付の方法もある。所得税額，住民税額が多額になるなら，利息も稼げるので，所得税は４月10日前後，住民税は６月，８月，10月，翌年１月20日前後を満期とする金融商品を活用するとよい。

◇譲渡税率の変遷（平成８年以後）

<table>
<tr><th rowspan="2">年　分</th><th colspan="4">特別控除後の譲渡益</th></tr>
<tr><th>4,000万円以下</th><th>4,000万～
6,000万円</th><th>6,000万～
8,000万円</th><th>8,000万円超</th></tr>
<tr><td>平成８～９年</td><td>26％</td><td colspan="2">32.5％</td><td>39％</td></tr>
<tr><td>平成10年</td><td colspan="2">26％</td><td colspan="2">32.5％</td></tr>
<tr><td>平成11～15年</td><td colspan="4">26％</td></tr>
<tr><td>平成16年以降</td><td colspan="4">20％</td></tr>
</table>

なお，平成25年から令和19年までの間は，基準所得税額に2.1％を乗じた金額（復興特別所得税）も併せて課税される。

9 居住用不動産の譲渡

◇要するに……

居住用不動産を譲渡した時は，租税特別措置法第35条で定められている3,000万円の特別控除を受けることができる。この控除は同一人については３年間に１回しか認められない。

土地建物の所有期間が10年を超える居住用不動産を譲渡した場合は，長期譲渡所得の所得税額は次の軽減税率が適用される。

6,000万円以下の部分　　14%（所得税10%，住民税４%）

6,000万円を超える部分　20%（所得税15%，住民税５%）

なお，平成25年から令和19年までの間は，基準所得税額に2.1%を乗じた金額（復興特別所得税）も併せて課税される。

◇居住用財産の範囲

居住用財産の譲渡とは，次のものをいうが，譲渡の相手方がその個人の配偶者，直系血族または特定の親族等特別な関係である時は適用されない（前項ケースを参照）。

①自己の居住の用に供していた家屋（その家屋とともに譲渡するその敷地またはその敷地の上に存する賃借権等の権利を含む）の譲渡

②災害により居住用の家屋が滅失した場合，その家屋の敷地をその居住の用に供さなくなった年およびその翌年以降３年以内の譲渡

③居住の用に供されなくなった家屋を譲渡した場合，またはその居住の用に供されなくなった家屋とともにその敷地を譲渡した場合で，その居住の用に供さなくなった年およびその翌年以後３年以内の譲渡

また，この特例の適用を受けようとする者は，確定申告書にその旨を記載して，譲渡所得の計算に関する明細書などを添付しなければならない。短期譲渡所得の場合であっても，居住用であれば3,000万円の特別控除は受けられる。

◇店舗兼住宅の場合

自分が居住している部分にだけ特例の適用がある。区分は面積の比率で判定する。なお，居住部分がおおむね90％以上ある時は全体を居住用として特例を受けられる。

〈居住用の家屋部分〉

$$\left(\text{居住専用部分の床面積Ⓐ}\right)+\left(\text{共用部分の床面積Ⓑ}\right)\times\frac{\text{Ⓐ}}{\text{家屋の床面積}-\text{Ⓑ}}$$

〈居住用の土地部分〉

$$\left(\text{居住専用部分の面積}\right)+\left(\text{共用部分の面積}\right)\times\frac{\text{上式による面積}}{\text{その家屋の床面積}}$$

◇居住用財産譲渡の計算例

ケース

居住していた家屋を本年３月200万円，その敷地を4,000万円で譲渡。家屋と敷地は平成９年６月に家屋100万円，宅地100万円で購入したものである。譲渡費用は120万円である。なお，建物の耐用年数は22年であり，復興特別所得税は考慮しない。

10年を超えて保有している居住用財産の譲渡であり，3,000万円の特別控除と軽減税率の両方を受けることができる。

・家屋の取得費の計算

100万円－（100万円×90％×0.031×27年）＝24.67万円
耐用年数22年×1.5＝33年　∴0.031（182頁参照）
経過年数　平成９年６月～令和６年３月→26年10月　∴27年

・課税長期譲渡所得金額の計算

（土地の譲渡収入）（土地の取得費）（家屋の譲渡収入）（取得費）
{(4,000万円－4,000万円×５％）＋（200万円－24.67万円)}

（譲渡費用）（特別控除額）
－120万円－3,000万円＝855.33万円

→855.3万円（千円未満切捨）

・所得税額の計算

855.3万円×10％（軽減税率）＝85.53万円

・住民税額の計算

855.3万円×４％（軽減税率）＝34.21万円

10 空家に係る譲渡所得の特別控除

◇要するに…

一人暮らしの被相続人が亡くなった場合，その相続人が，被相続人が住んでいた家屋を売却や修繕等せずにそのまま放置してしまうことがある。これを売却しやすくするために設けられた措置が空家に係る譲渡所得の特別控除である。

◇空家に係る譲渡所得の特別控除

被相続人が居住の用に供していた家屋で，その者の死後，空家状態になっているもの（空家の敷地を含む）を令和９年12月末までに相続人が売却したときは，居住用財産の3,000万円（取得した相続人が３人以上である場合には2,000万円）特別控除を適用することができる。

◇適用要件

適用要件は次のとおりとなっている。

①相続開始直前において被相続人が１人で住んでいたこと
②その家屋（マンション等の区分所有建築物を除く）が昭和56年５月31日以前に建築されたものであること
③相続の時から譲渡の時まで事業の用，貸付の用（無償による貸付を含む），または居住の用に供されていないこと
④平成28年４月１日から令和９年12月31日までの間に譲渡すること
⑤売却金額が１億円以下であること
⑥相続の時から３年後の年の12月31日までに譲渡すること
⑦家屋を取り壊さずに売却するときは，譲渡日の属する年の翌年２月15日までに取り壊した場合または耐震改修工事を行った場合

◇その他

①相続税の取得費加算の特例

相続税の取得費加算の特例とこの特例は選択適用。

②自己の居住用財産の3,000万円特別控除

自己の居住用財産の3,000万円特別控除とこの特例は併用可能。

ただし，同一年内に適用する場合には，２つの特例を併せて3,000万円が限度となっている。

③平成31年税制改正

平成31年４月以後の売却で，老人ホームへ入居のために空家となった場合で一定の要件を満たすときは，この規定の対象となる。

◇具体例

相続発生日	令和５年７月１日
相続人	子Ａ，子Ｂの２人
相続財産	被相続人居住用家屋および敷地（子Ａ 共有持分4/5，子Ｂ 共有持分1/5）
譲渡日	令和６年12月３日
譲渡対価	5,000万円（家屋および敷地両方含めた金額）
取得費	1,000万円（家屋および敷地両方含めた金額）

なお，「空家に係る譲渡所得の特別控除の特例」の要件は満たしているものとする。

「空家に係る譲渡所得の特別控除の特例」を適用したときの譲渡所得金額は，次のようになる。

①子Ａの譲渡所得金額

（5,000万円［譲渡対価］－1,000万円［取得費］）×4/5－3,000万円［特別控除］※＝200万円

※（5,000万円－1,000万円）×4/5＝3,200万円＞3,000万円

∴3,000万円

②子Ｂの譲渡所得金額

（5,000万円［譲渡対価］－1,000万円［取得費］）×1/5－800万円［特別控除］※＝０円

※（5,000万円－1,000万円）×1/5＝800万円＜3,000万円

∴800万円

11 優良住宅地の造成等のための長期譲渡所得の特例

◇**要するに……**

平成９年１月１日以後令和７年12月31日までの優良住宅地の造成等の譲渡については，2,000万円以下の部分は所得税10％，住民税４％，2,000万円を超える部分は所得税15％，住民税５％である。

譲渡益の区分	税　率
譲渡益のうち2,000万円以下の部分	14％
譲渡益のうち2,000万円超の部分	20％

なお，平成25年から令和19年までの間は，基準所得税額に2.1％を乗じた金額（復興特別所得税）も併せて課税される。

◇**優良住宅地の造成等のための譲渡とは**

優良住宅地等のための譲渡とは，次頁の表に掲げられたものなどのほか，確定優良住宅地等予定地のための譲渡が定められている。

これは，開発に長期を要するので，その時点では優良住宅地の要件に該当しなくても，特例が受けられる制度である。次の場合が対象になる。

㋐譲渡があった日から２年目の年末までに，一定の土地等の譲渡に該当することが確実であると認められることについて所定の証明がされたもの

㋑やむを得ない事情があるために，上記㋐の期間内に一定の土地等の譲渡に該当するのが困難であると認められるものとして，税務署長の承認を得た場合には，土地等の譲渡があった日から４年（特定の場合には６年）目の年末までにその土地等の譲渡に該当することが確実であると認められることについて所定の証明がされたもの

ただし，収用交換等の5,000万円控除等を適用した場合には，この軽減税率の適用はない。

なお，素人判断では難しいので，顧客からの質問等については，専門家である税理士，税務署に相談すべきである。

主な優良住宅地の造成等のための譲渡の範囲

①国もしくは地方公共団体等に対する譲渡※
②独立行政法人都市再生機構等に対する譲渡
③土地開発公社に対する一定の譲渡
④収用交換等による譲渡（①～③に該当する場合を除く）
⑤土地区画整理事業の施行地内の土地等で仮換地指定から3年を経過する日の属する年の12月31日までの間に一定の住宅等を建設するための譲渡（一定の場合を除く）

※収用交換等による土地の譲渡について，収用交換等の場合の5,000万円控除等を適用した場合には，この特例の適用はない

⑫特別控除額の適用要件

◇要するに……

⑨で，居住用不動産譲渡の3,000万円の特別控除について述べたが，そのほかに以下の特別控除がある。

・収用対象事業のために土地等を譲渡（収用交換等）した場合…5,000万円
・特定土地区画整理事業等のために土地等を譲渡した場合…2,000万円
・特定住宅地造成事業等のために土地等を譲渡した場合…1,500万円
・農地保有合理化等のために農地等を譲渡した場合…800万円

◇控除が重複する場合はどうするか

特別控除の特例は，区分ごとに，それぞれ該当する１年間の譲渡所得を通じて適用される。例えば特定住宅地造成事業に該当する譲渡が１年間にいくつかあるような場合には，その譲渡所得の合計額について1,500万円を限度として，特別控除の特例が受けられる。

なお，２以上の譲渡について異なる特別控除を受けられる場合もあるが，同一人が同一年に受けられる特別控除額の合計額は最高5,000万円が限度とされている。

したがって該当すれば，3,000万円と2,000万円の特別控除を同時に受けることができる。この場合，特別控除額の合計額が5,000万円に達するまでの控除の順序は，次頁の表によることになっている。

◇判断は専門家に

特別控除については，重複控除の適用，非適用があり，判断が難しい。

税理士資格を持たない者による個別のケースに対する回答は税理士法違反となる場合もあるので，必ず専門家に相談したい。

控除の部分＼所得の部分	分離短期譲渡所得	総合短期譲渡所得	総合長期譲渡所得	山林所得	分離長期譲渡所得
収用交換等の場合の5,000万円控除	①	②	③	④	⑤
居住用財産を譲渡した場合の3,000万円控除	⑥	－	－	－	⑦
特定土地区画整理事業等の場合の2,000万円控除	⑧	－	－	－	⑨
特定住宅地造成事業等の場合の1,500万円控除	⑩	－	－	－	⑪
農地保有合理化等の場合の800万円	⑫	－	－	－	⑬

※上記の番号に従い，特別控除額の合計額が5,000万円に達するまで順次控除する。5,000万円になった場合には，たとえ他の特別控除の対象となる譲渡所得があっても，その譲渡所得については，特別控除額は差し引かれない

◇収用の場合の計算例

ケース

令和６年５月に，高速道路の建設のため所有地（昭和54年に取得）を6,000万円で買収された。取得費は250万円である。この時の税額はいくらか。買取りの申出を受けたのは令和６年１月である。なお，復興特別所得税は考慮しない。

収用の場合は5,000万円控除が使用できる。

まず，取得費の250万円と概算取得費を比較する。

6,000万円×５％＝300万円＞250万円　∴300万円

・課税長期譲渡取得金額の計算

（補償金）（取得費）（特別控除額）
（6,000万円－300万円）－5,000万円＝700万円

・長期譲渡に該当するため，税率は所得税15%，住民税５％である（優良住宅地の造成等の軽減税率の適用はない）

・所得税　700万円×15％＝105万円

・住民税　700万円×５％＝35万円

・合計　140万円

⑬居住用不動産の買換え特例

◇要するに……

居住用不動産を買い換えた場合には，一定要件を満たせば，3,000万円の特別控除または居住用財産の買換え特例のいずれかを選択できる。

◇特定の居住用財産の買換え特例

特定の居住用財産の買換え特例は，自宅を売却し，かつ，売却した年の翌年末までに自宅を新築または購入した場合，一定の要件を満たせば，課税が将来に繰延べられるという制度である。

⑴譲渡資産の要件

①譲渡年の１月１日での所有期間が10年超であること

②譲渡者の居住期間が10年以上であること

③令和７年12月31日までの譲渡であること

④贈与，現物出資等でないこと

⑤譲渡対価の額が１億円以下であること

⑵買換資産の要件

①譲渡年の前年１月１日から譲渡資産に譲渡の年の翌年12月31日までの間に国内にあるものを取得すること

②原則として買換資産を譲渡年の翌年の12月31日までに居住の用に供すること

③家屋の床面積が50㎡以上であること

④土地は面積が500㎡以下であること

⑶課税方法

①譲渡収入≦買換資産の取得価額

譲渡所得の課税は行われない。

②譲渡収入＞買換資産の取得価額

差額について課税される。

なお，3,000万円特別控除および軽減税率の適用は受けられない。

所有期間と税率

<table>
<tr><th colspan="2">所有期間
売却内容</th><th>短期</th><th colspan="2">長期</th></tr>
<tr><th colspan="2"></th><th>5年以下</th><th>5年超10年以下</th><th>10年超</th></tr>
<tr><td rowspan="3">譲渡した時
居住用財産を</td><td>3,000万円特別控除</td><td>所得税　30%～
住民税　9%～</td><td>所得税　15%
住民税　5%</td><td rowspan="2">6,000万円以下の部分
所得税　10%
住民税　4%
6,000万円超の部分
所得税　15%
住民税　5%</td></tr>
<tr><td>軽減税率の特例</td><td colspan="2">適用なし</td></tr>
<tr><td>買換えの特例</td><td colspan="2">適用なし</td><td>所得税　15%
住民税　5%</td></tr>
</table>

※平成25年から令和19年までの間は，基準所得税額に2.1%を乗じた金額（復興特別所得税）も併せて課税される。

◇どちらがトクか

ケース

現在の自宅を200万円で取り壊し，宅地を5,200万円で本年3月に売却，新たに4,000万円でマンションを取得した。売却した土地は昭和60年に親から相続したもので，生まれてから50年以上住んでいた。売却に対しては180万円の手数料等を支払った。なお，復興特別所得税は考慮しない。

・3,000万円の特別控除を選択した場合（軽減税率）

5,200万円－(5,200万円×5%＋200万円＋180万円)－3,000万円＝1,560万円

（5,200万円×5%：概算取得費　200万円＋180万円：譲渡費用　3,000万円：特別控除）

所得税　1,560万円×10%＝156万円
住民税　1,560万円×4%＝62.4万円　計218.4万円

・買換え特例（相続等により取得した場合）を選択した場合

5,200万円－4,000万円＝1,200万円

取得費は次のように計算にする。

$$（\text{譲渡資産取得費}＋\text{譲渡費用}）\times\frac{\text{譲渡価額}－\text{買換資産購入額}}{\text{譲渡価額}}$$

$$（260\text{万円}＋200\text{万円}＋180\text{万円}）\times\frac{1,200\text{万円}}{5,200\text{万円}}\fallingdotseq147.69\text{万円}$$

1,200万円－147.69万円＝1,052.3万円（千円未満切捨）

・所得税　1,052.3万円×15%＝157.84万円
・住民税　1,052.3万円×5%＝ 52.61万円　計　210.45万円

このケースでは，買換え特例の方が有利である。

14 短期譲渡税の税額計算

◇要するに……

所有期間５年以下の土地建物等を譲渡した場合の「短期譲渡所得」については，以下のとおり課税される。

課税短期譲渡所得金額×30%（住民税は９%）

なお，平成25年から令和19年までの間は，基準所得税額に2.1%を乗じた金額（復興特別所得税）も併せて課税される。

◇ 国や地方公共団体に譲渡した場合の短期譲渡所得に税率軽減

平成15年分までの「短期譲渡所得」については，譲渡所得の52%（所得税40%，住民税12%）相当額という原則税率と「譲渡所得を他の所得と加算して通常の総合課税を行うこととした場合に算出されるその譲渡所得にかかる税額の110%相当額」とのいずれか高い方の金額によって「短期譲渡所得」に対する課税であった。

しかし，平成16年以降は譲渡所得の39%（所得税30%，住民税９%）の課税となった。

また，短期譲渡所得であっても，国や地方公団体に譲渡した場合は，譲渡所得の20%（所得税15%，住民税５%）の課税である。つまり，長期譲渡所得と同様の課税である。

◇短期譲渡所得の計算例

ケース１

令和６年２月に土地を売却した。譲渡税はいくらか。なお，復興特別所得税は考慮しない。

譲渡資産　所有土地（宅地）300m^2

譲渡年月日　令和６年２月１日

譲渡代金　1,000万円　／　譲渡費用　50万円

譲渡資産取得年月日　平成31年３月10日

譲渡資産取得費　300万円

〈所得税〉

（譲渡代金）（取得費）（譲渡費用）（短期譲渡所得）
1,000万円－（300万円＋50万円）＝650万円

650万円×30％＝195万円

〈住民税〉

650万円×９％＝58.5万円

〈税金合計〉

195万円＋58.5万円＝253.5万円

◇長期譲渡所得との比較

ケース２

前記のケース１で仮に売却年を令和７年２月（長期譲渡）にした場合の譲渡税はいくらか。なお，復興特別所得税は考慮しない。

〈所得税〉

（譲渡代金）（取得費）（譲渡費用）（長期譲渡所得）
1,000万円－（300万円＋50万円）＝650万円

650万円×15％＝97.5万円

〈住民税〉

650万円×５％＝32.5万円

〈税金合計〉

97.5万円＋32.5万円＝130万円

短期譲渡から長期譲渡になれば，123.5万円（19％）得になる。つまり，短期は“損キ”である。

⑮居住用財産の買換えによる譲渡損失の特例

◇要するに……

土地建物の譲渡損については損益通算および繰越控除が認められていない。

ただし，住宅（自宅）の買換えによる譲渡損失で一定の要件を満たす場合は，損益通算および繰越控除ができる。

◇適用要件

一定の要件とは次のとおり。

①個人が所有する居住用家屋または土地等で，かつ，その年の１月１日における所有期間が５年を超えるもので，令和７年12月31日までに譲渡されるもの（ただし，土地等について繰越控除を受ける場合には500㎡を超える部分の金額は除く）

②譲渡する年の前年１月１日から翌年12月31日までの間に，居住用の家屋またはその敷地を新たに取得して，取得の翌年12月31日までの間に居住すること（買換えであること）

③買換資産について住宅借入を利用し，繰越控除を受ける年の年末に残高があること。なお，この住宅譲渡損の繰越控除制度は「住宅ローン控除」と併用できる

④繰越控除を受ける年の合計所得金額が3,000万円以下であること

⑤前年以前３年以内にこの規定の適用を受けていないこと

◇青色，白色を問わない

土地建物の譲渡損については損益通算および繰越控除が認められていない。また繰越控除は原則青色申告者についてのみ認められる。

ただし，この規定は青色申告者，白色申告者を問わず認められる。つまり，住宅（自宅）の譲渡損については一定の要件の上で優遇している。しかし，この場合，新しい住宅を借入金で購入（買換え）することが条件である。

◇仕組み（具体例）

	その年（1年目）	次の年（2年目）	3年目
譲渡損益	**譲渡損益**	**繰越控除**	**繰越控除**
	給与所得　700万円	給与所得　700万円	給与所得　700万円
取得費 4,000万円／譲渡価額 2,000万円／損失 ▲2,000万円	譲 渡 損▲2,000万円	譲 渡 損▲1,300万円	譲 渡 損▲600万円
	▲1,300万円	▲600万円	100万円
	翌年に繰越し	翌年に繰越し	課税所得金額

※1年目と2年目は課税所得金額は0になる

16 特定居住用財産の譲渡損失の特例（残存住宅ローンがある場合）

◇要するに……

土地建物の譲渡損について，損益通算および繰越控除は認められない。

「居住用財産の買換えによる譲渡損失の特例」については，新たに自宅を購入しなければならない。居住用財産を売却してもローンが残る者の新生活を支援するため，買換えをしない場合でも一定の要件を満たせば損益通算および繰越控除を認める制度が創設された。

◇適用要件

一定の要件とは次のとおり。

①個人が所有する居住用家屋または土地等で，かつその年の１月１日における所有期間が５年を超えるもので平成16年１月１日から令和７年12月31日までに譲渡されるもの
②親族等への譲渡でないこと
③譲渡契約を締結した日の前日に，その譲渡資産を取得した時の住宅借入金があること
④売却金額より住宅借入金残高の方が大きいこと
⑤繰越控除を受ける年の合計所得金額が3,000万円以下であること
⑥前年以前３年以内にこの規定の適用を受けていないこと

◇対象となる譲渡損失の金額

①譲渡損失の金額（取得費＋譲渡費用－売却金額）
②住宅借入金残高－売却金額
③①と②いずれか小さい金額

◇具体例

＜ケース１＞

売却金額　　　　　　　5,000万円――Ⓐ
取得費，譲渡費用　　15,000万円――Ⓑ

借入金残高　　　　　　　　　4,000万円――Ⓒ

①15,000万円－5,000万円＝ 10,000万円――Ⓑ－Ⓐ

② 4,000万円－5,000万円＝▲1,000万円――Ⓒ－Ⓐ　∴0

③①と②いずれか少ない方　　　∴0

したがって，特定居住用財産の譲渡損失の特例の適用がない。

＜ケース２＞

売却金額　　　　　　　　　5,000万円――Ⓐ

取得費，譲渡費用　　　　　15,000万円――Ⓑ

借入金残高　　　　　　　　8,000万円――Ⓒ

①15,000万円－5,000万円＝10,000万円――Ⓑ－Ⓐ

②8,000万円－5,000万円 ＝ 3,000万円――Ⓒ－Ⓐ

③①と②いずれか少ない方　　　∴3,000万円

したがって，特定居住用財産の譲渡損失の特例の適用がある。

	ケース１	ケース２
売却金額 Ⓐ	5,000万円	5,000万円
取得費 譲渡費用 Ⓑ	15,000万円	15,000万円
譲渡損 Ⓑ－Ⓐ	10,000万円	10,000万円
借入金残高 Ⓒ	4,000万円	8,000万円
借入金－売却金額 Ⓒ－Ⓐ	▲1,000万円	3,000万円
特例対象金額	0	3,000万円

つまり，自宅（居住用財産）を売却しても，なお，借入金が残る場合のみ適用がある。

第３章

相続と相続税

1相続とは

◇要するに……

相続は死亡により開始する。死亡には，自然死亡のほか，失踪宣告によって死亡したものとみなされるものも含まれる。

相続が開始すると，被相続人の財産は相続人の共有となり，その後，遺産の分割が行われることになる。

◇相続の発生原因

死亡……相続は被相続人が死亡した瞬間に開始する。死亡届や相続登記，相続人が死亡の事実を知っているかは関係ない。ただし死亡届は，死亡の事実を知った日から7日以内に医師の死亡診断書または死体検案書を添付して提出しなければならない。

認定死亡……震災や海難事故などの事変の犠牲者について，死体は確認されないものの死亡が確実とみられる場合，調査にあたった官公署（海上保安庁や警察署）から死亡したとみられる地の市区町村長宛になされた死亡報告に基づいて，戸籍簿に死亡の記載をすることを「認定死亡」という。

失踪宣告……不在者の生死が7年以上明らかでない時（普通失踪），または戦地に臨んだ者や沈没船の在船者など危難に遭遇した者の生死が，危難の去った後1年以上明らかでない時（特別失踪）には，その利害関係人は家庭裁判所に対して失踪宣告の請求ができる。失踪宣告がなされると，普通失踪の場合は7年を経過した日，特別失踪の場合は危難が去った日に死亡したものとみなされる。

◇遺産の分割方法

遺産の分割方法は，次の3つによる。

①指定分割（遺言により指定）

②協議分割（相続人の話し合い）

③調停・審判による分割（家庭裁判所）

◇**相続の承認と放棄**

死亡した人を被相続人，その財産を引き継ぐ権利を有する者を相続人という。被相続人が死亡すると，被相続人に属している一切の権利・義務は相続人が承継する。これにはプラスの財産だけでなくマイナスの財産（借入金などの債務）も含まれる。

財産より負債の方が多い場合，相続人が自分の財産で返済しなければならないとすると，自らの財産や生活を侵されるケースが出てくる。そこで民法は，相続人が相続債務を逃れる方法として，「相続放棄」と「限定承認」の２つを定めている。

なお，財産も負債もすべて相続する場合を「単純承認」というがこの場合は特に手続きは必要ない。

相続を放棄あるいは限定承認しようとする時は，「自己のために相続の開始があったことを知った日から３ヵ月以内に」（この３ヵ月間を熟慮期間という），被相続人の生前の居住地の家庭裁判所へ「相続放棄申述書」「限定承認申述書」を提出しなければならない。

相続を放棄した場合，その相続人はいなかったものとみなされ，相続分が移動する。なお，よく「私は相続を放棄する」との話を耳にするが，家庭裁判所に申述していなければ法的な放棄ではなく，相続財産を取得しなかったにすぎない。

限定承認は，共同相続人全員で行う必要があるため，１人でも反対する者がいれば，放棄か単純承認しか方法がなくなる。

相続放棄と限定承認の違い

	相続放棄	限定承認
申立期限	相続開始後３ヵ月以内	相続開始後３ヵ月以内
申立人	単独でもできる	共同相続人全員で行う
財産相続	積極財産，消極財産とも全く相続しない	積極財産の範囲内で消極財産を相続する
相続効果	相続人，相続分が移動する	相続人，相続分は移動しない
その他	他の相続人が財産を取得する 全員が放棄したら相続財産法人となる	相続財産を換価して相続人，債権者に分配する

2 相続人と相続分

◇要するに……

民法は相続人について次のように定めている。

第１順位　　子またはその直系卑属

第２順位　　直系尊属

第３順位　　兄弟姉妹またはその者の子

なお，被相続人の配偶者は，順位に関係なく常に相続人となる。

◇相続分

民法に定める法定相続分は，相続相談の基本中の基本である。また，これが分からなければ相続税の計算もできない。相続の順位表とともに民法900条をそのまま紹介する。

相続の順位と法定相続分

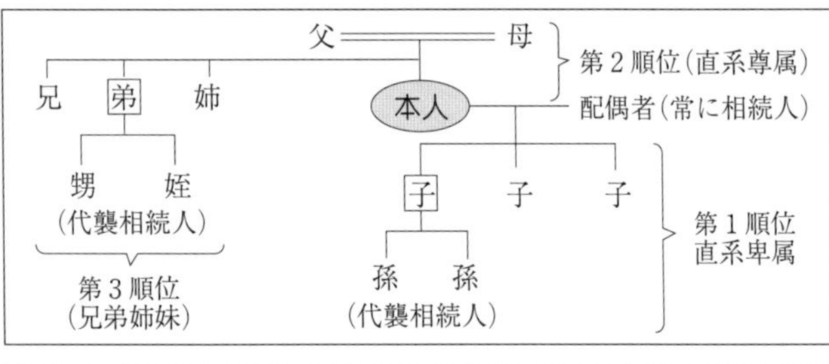

第九〇〇条【法定相続分】同順位の相続人が数人あるときは、その相続分は、左の規定に従う。

一　子及び配偶者が相続人であるときは、子の相続分及び配偶者の相続分は、各二分の一とする。

二　配偶者及び直系尊属が相続人であるときは、配偶者の相続分は、三分の二とし、直系尊属の相続分は、三分の一とする。

三　配偶者及び兄弟姉妹が相続人であるときは、配偶者の相続分は、四分の三とし、兄弟姉妹の相続分は、四分の一とする。

四　子、直系尊属又は兄弟姉妹が数人あるときは、各自の相続分は、相等しいものとする。但し、父母の一方のみを同じくする兄弟姉妹の相続分は、父母の双方を同じくする兄弟姉妹の相続分の二分の一とする。

法定相続分については次の点に注意が必要である。

代襲相続人……相続人が被相続人より先に死亡していたり，欠格・廃除により相続権を失っている時は，その直系卑属が相続権を代襲する。ただし，兄弟姉妹（第３順位）の場合は甥・姪までである。

欠格……故意に被相続人または相続について先順位もしくは同順位にある者を死亡するに至らせ，または至らせようとしたために刑に処せられた等，一定の非行（欠格事由）がある場合に，何ら手続きを要さず相続権が喪失することをいう。

廃除……被相続人に対して①虐待侮辱，または②著しい非行があるため，被相続人の意思で家庭裁判所の審判により推定相続人の相続権を喪失させることをいう。

非嫡出子……非嫡出子の相続分は嫡出子と同じ（平成25年９月５日以後に相続税額が確定する場合）。

半血の兄弟姉妹……父母の一方のみを同じくする兄弟姉妹を半血の兄弟姉妹といい，父母の両方を同じくする兄弟姉妹の２分の１が相続分となる。

胎児……胎児もすでに生まれたものとして相続人となる。

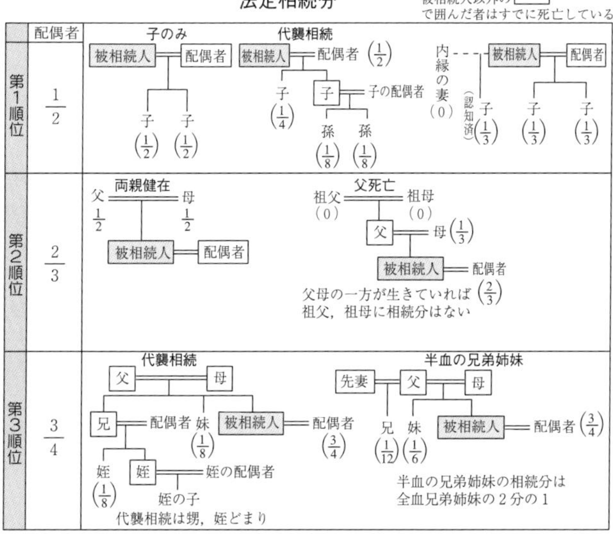

3 特別受益，寄与分等

◇要するに……

遺産の分割のよりどころとなるのが法定相続分だが，生前の贈与や，遺産増加への相続人の貢献などに配慮しないと公平な分配が保たれない。そこで民法は，相続人の個別の事情により「特別受益」「寄与分」というものを設けている。

◇特別受益

特別受益とは，相続人の中に，被相続人から贈与を受けたり，結婚費用や事業資金などを受けた者がいる時は，その財産を特別受益，特別受益を受けた相続人のことを特別受益者という。

この贈与等を受けた財産は相続分の前渡しとみなされ，特別受益者の相続分から差し引かれる。

〈例〉 父（夫）が5,000万円の財産を残して死亡。相続人は妻（母）と長男，長女の計３名。この場合，法定相続分は左図のとおり。

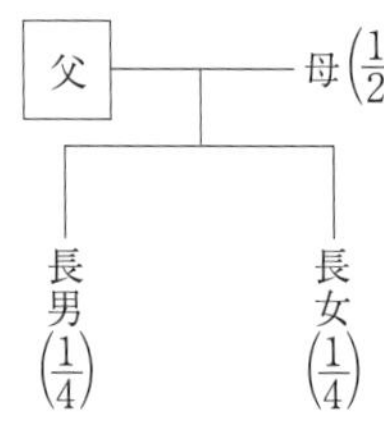

法定相続分どおり相続するとすれば，妻が2,500万円，長男，長女が各1,250万円。

ところが，長男は父の生前に事業資金として1,000万円の贈与を受けていた。この贈与がなければ父の財産は6,000万円あったことになる。贈与により，他の相続人の相続財産は減少してしまっている。

そこで，長男が受けた贈与の1,000万円を特別受益として，いったん父の財産に持ち戻して分割する。

妻　3,000万円　　長男　1,500万円　　長女　1,500万円

長男は，父の生前に1,000万円を受け取っているわけだから，今回の相続では1,500万円－1,000万円の500万円を受け取ればよいことになる。

妻　3,000万円　　長男　　500万円　　長女　1,500万円

これで公平な分配ができたことになる。

◇**寄与分**

相続人の中に，被相続人の事業を手伝ったり経済的援助や療養看護を行って，被相続人の財産の維持，増殖に努めた者を特別寄与者といい，その対価を寄与分という。

特別寄与者の相続分は，相続分からその寄与分を差し引いた残りの額に対する寄与者の相続分を算定し，それに寄与分を加算したものとなる。

〈例〉 母が6,000万円の財産を残して死亡。法定相続分どおり相続するとすれば，長女および長男が２分の１ずつの3,000万円となる。

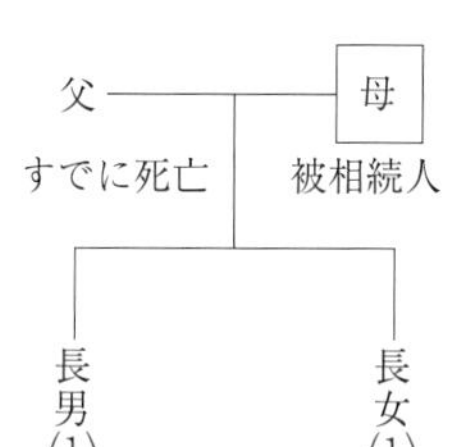

ところが，長女は寝たきり状態の母を10年間にわたって看病し続けていた。この間長男は長女の看病を見て見ぬ振りを決め込み何の援助も行わなかった。

長女は寄与分を主張し，裁判所は，寄与分を認め10年間の看護の費用を1,000万円と算定，審判により次のように相続分を定めた。

寄与分の額　1,000万円

寄与分を差し引いて分割　6,000万円－1,000万円＝5,000万円

長女　2,500万円　　長男　2,500万円

長女に寄与分を加えると実際の相続は次のようになる。

長女　2,500万円＋1,000万円＝3,500万円　　長男　2,500万円

これが寄与分の考え方だが，療養看護といっても，子には老いた親を扶養する義務があり，一般的に同居して面倒を見る程度では，寄与分は認められない。著しい療養看護というレベルではじめて認められると考えるべきである。

また，問題となるケースとして，親の看護を長男の妻が行った場合があるが，長男の妻は共同相続人でないため寄与分は認められない。

なお，令和元年７月以後は，相続人以外の親族（長男の妻他）が被相続人の療養看護等を行った場合，一定の要件の下で，相続人に対して，金銭支払の請求をすることができることとなった（**特別の寄与**）。

4 遺言

◇要するに……

遺産の分割にあたっては，遺言により分割方法が指定されていればそれを最優先する。遺言には，自筆証書遺言，公正証書遺言，秘密証書遺言の３種類がある（危急時遺言等を除く）。

◇遺言の効力

遺言は，意思能力があり15歳に達していれば誰でも書くことができる。被保佐人でも法定代理人の同意を必要としない。成年被後見人は，遺言する時に本心に復していることを証明する医師２人の立ち会いを必要とするが，遺言を行うことはできる。

遺言とは，死後の財産処分や身分に関することを指定することをいい，遺産の管理処分については民法の規定に優先する。

◇遺言の種類

自筆証書遺言……遺言者が自ら遺言内容および日付を筆記し，署名押印することにより作成する。ワープロやビデオ等は不可，自筆が要件である（平成31年1月13日以後はパソコン等で作成した目録等は認められる）。なお，自筆証書遺言を発見した者は家庭裁判所に届出て検認を受ける必要がある。

公正証書遺言……遺言者は公証人を訪ねるか自宅等に呼んで遺言内容を口述し，それを公証人が筆記することにより作成される。証人が２名以上必要だが，推定相続人や公証人の肉親，雇人などは証人となることはできない。作成された遺言原本は公証人役場に保管されるので，偽造，変造などの危険はない。ただし，公証人手数料がかかる。

秘密証書遺言……遺言者は，署名押印した遺言書を封筒に入れ，証書に用いた印で封印し，その証書を公証人１名，証人２名以上の前に提出して作成する。なお，遺言は自筆でなくてもよい。秘密が保たれるメリットがある。

5 民法改正

◇要するに…

民法の改正により，成年年齢の引下げ，配偶者居住権の創設，自筆証書遺言について財産目録の自書の見直し，特別寄与料制度の創設などが実施されることになった。

◇成年年齢の変更

民法が改正され令和４年４月１日以降成年年齢が20歳から18歳へと引き下げられた。それに合わせて，相続税の未成年者控除やジュニア NISA の適用年齢も引き下げられている。

◇配偶者居住権の創設

自宅以外に財産がない場合，残された配偶者がそのまま住み続けたくても自宅を売却せざるを得ないケースもある。こうした場合，遺産分割後も自宅に住み続けながら一定の生活費を確保できるよう配慮した制度である。配偶者居住権が設定されている建物（居住建物）の所有権と居住権を分離し，配偶者が所有権を持たなくても自宅に住み続けることを保障する仕組みである。

配偶者居住権は「配偶者短期居住権」と「配偶者居住権」に区別される。それぞれの特徴は下表のとおり。この制度は令和２年４月１日に施行された。

	配偶者短期居住権	配偶者居住権
遺産分割	遺産分割確定まで	遺産分割により取得
存続期間	最低６ヵ月	終身または一定期間
使用収益	使用できるが収益できない	使用収益できる
権利消滅	配偶者居住権の取得，配偶者の死亡や権利の放棄等により消滅	配偶者の死亡や権利の放棄等により消滅
登記	登記できない	配偶者は居住建物の所有者に対し配偶者居住権の登記を請求でき，登記すれば第三者に対抗できる
譲渡の可否	譲渡不可	譲渡不可
必要費	配偶者が負担	配偶者が負担
財産性	相続財産にならない	相続財産になる

◇遺産分割前の預貯金の払戻し制度の創設

各相続人は,「預貯金債権の額×1/3×各相続人の法定相続分（同一金融機関につき150万円が限度)」までについては，他の相続人の同意がなくても払戻しをすることができる。

この制度は令和元年７月１日に施行された。

◇自筆証書遺言の方式緩和と法務局での保管制度の創設

従前は自筆証書遺言を作成する場合は全文自書しなければならなかったが，改正により，自筆証書遺言に添付する財産目録は，パソコン等で作成することが可能になり，また銀行通帳のコピーや不動産の登記事項証明書などを財産目録として添付することができるようになった。ただし，財産目録の各頁に署名押印が必要。この制度は平成31年１月13日に施行された。

また，自筆証書遺言を作成してもそれがどこにあるのか分からなかったりするケースもあった。そこで，法務局で自筆証書遺言を保管できるようになった。この制度は令和２年７月10日に施行された。

◇特別寄与料制度の新設

特別寄与料とは，被相続人に対して無償で療養看護その他の労務の提供をしたことにより，被相続人の財産の維持または増加について，特別の寄与をした被相続人の相続人等以外の親族（特別寄与者）が相続開始後，相続人に対して請求することができる一定の金銭をいう。これまでは，被相続人に対して特別の寄与があったとしても相続人に該当しなければ寄与分は認められなかった。

改正により，特別寄与者の範囲が被相続人の相続人以外の親族とされたことで，被相続人の子の配偶者や孫等が特別寄与者として認められれば，相続人に対して金銭を請求することが可能となる。

ただし,「相続の開始および相続人を知ったときから６ヵ月を経過したときまたは相続開始のときから１年を経過したときのいずれか早いとき」までに請求をしなければならない。

この制度は令和元年７月１日に施行された。

◇遺留分侵害請求権の創設

遺留分とは，相続人に最低限保障する相続財産の取り分のことをいう。従前は，その取り分を遺留分減殺請求権の行使により確保するようになっていた。しかし，相続により不動産等が複雑な共有状態になるなど，処分に支障を来していた。

そうした弊害を解消するべく，改正により，遺留分の侵害額に相当する金銭のみ請求できるものとされた。

この制度は令和元年７月１日に施行された。

＜民法改正と施行期日＞

		施行期日
遺言制度に関する見直し	①自筆証書遺言の方式緩和	平成31年1月13日施行
	②法務省における自筆証書遺言の保管制度	令和２年７月10日施行
遺産分割に加算する見直し等	①配偶者保護のための方策等（持戻し免除の意思表示の推定規定）	令和元年７月１日施行
	②仮払い制度等の創設・要件明文化	令和元年７月１日施行
	③遺産の分割前に遺産に属する財産が処分された場合の遺産の範囲	令和元年７月１日施行
遺留分制度に関する見直し	①遺留分減殺請求権の金銭債権化	令和元年７月１日施行
	②相続人に対する生前贈与の範囲	令和元年７月１日施行
相続の効力等の見直し		令和元年７月１日施行
相続人以外の者の貢献を考慮するための方策	特別の寄与料	令和元年７月１日施行
配偶者の居住権を保護するための方策	①配偶者短期居住権	令和２年４月１日施行
	②配偶者居住権	令和２年４月１日施行
成年年齢の改正		令和４年４月１日施行

6 相続税の対象財産

◇要するに……

相続税とは，原則として相続または遺贈により財産をもらった人にかかる税金である。

そして財産とは，金銭に見積もることのできる経済的価値のあるすべてのものをいう。

◇相続税のかかる財産

相続税がかかる財産をまとめると次のとおり。

種類	細目
土地（借地権や地上権を含む）	田
	畑
	宅地
	山林
	その他の土地
家屋	家屋，構築物
事業（農業）用財産	機械・器具，農機具，その他の減価償却資産
	商品，製品，半製品，原材料，農産物など
	売掛金
	その他の財産
有価証券	特定同族会社の株式および出資
	上記以外の株式および出資
	公債および社債
	証券投資信託，貸付信託の受益証券
現金，預貯金など	
家庭用財産	
その他の財産	生命保険金など
	退職手当，功労金など
	立木
	その他

◇みなし相続財産

上表ではその他の財産となっているが，民法上相続財産とはいえない生命保険金，死亡退職金なども相続税法上は「みなし相続財産」として課税されることになっている。

みなし相続財産

種類	備考
生命保険金等	被相続人の死亡によって支払われる生命保険金（年金で支払われるものを含む）で被相続人が保険料や掛金を負担したもの――その負担した部分に対応する金額
退職手当金	被相続人が受け取るべきであった退職手当金や功労金で，被相続人の死亡後3年以内に支給が確定したもの――その確定した金額
生命保険契約に関する権利	被相続人が保険料を負担し，被相続人以外の者が契約者となっている生命保険契約で，まだ保険事故が発生していないもの――その権利の金額
定期金に関する権利	被相続人が掛金を負担し被相続人以外の者が契約者となっている定期金給付契約で，相続開始の時にまだ給付事由の発生していないもの――その権利の金額
保証期間付定期金に関する権利	被相続人が掛金を負担していた定期金給付契約に基づき，被相続人の死亡後に遺族に支給される一時金や定期金――その権利の金額
契約に基づかない定期金に関する権利	被相続人の死亡により受ける（支払われる）定期金や一時金で，契約に基づかないものに関する権利の金額

◇非課税財産

相続した財産でも，その財産の性質や国民感情，公益的配慮，社会政策などの理由から，相続税の非課税財産とされるものもある。

種類	備考
皇嗣が受けたもの	皇室経済法の規定により皇位とともに皇嗣が受けたもの
墓所・祭具等	墓所・霊廟や祭具，ならびにこれらに準ずるもの
公益事業用財産	宗教・慈善・学術その他公益を目的とする事業を行う者で一定の要件に該当するものが取得した財産で，公益事業の用に供することが確実なもの
心身障害者扶養共済制度に基づく給付金の受給権	地方公共団体の条例により，精神または身体に障害のある者について実施する共済制度で一定の要件に該当するものに基づいて支給される給付金を受ける権利
生命保険金	相続人が受け取った生命保険金等の合計額のうち，原則として，1人当たり500万円までの金額
退職手当金	相続人が受け取った退職手当金等の合計金額のうち，原則として，1人当たり500万円までの金額
国等に対して贈与した相続財産	申告期限までに，国や特定の公益法人などに寄付した相続遺贈財産
特定公益信託の信託財産に支出	申告期限まで一定の特定公益信託の信託財産とするために支出した場合

7 相続税の計算過程

◇**要するに……**

相続税の計算過程は次のとおり。

①各人の課税価格の合計額の計算
②課税される遺産の総額の計算
③相続税の総額の計算
④各人の算出税額の計算
⑤各人の納付税額の計算

◇**各人の課税価格の合計額**

課税価格の合計額は，各相続人が取得した財産をもとにして，次のように計算する。

相続財産	+	みなし相続財産	−	非課税財産	+	精算課税贈与	−	債務葬式費用	+	3年以内の贈与財産(注)

＝課税価格の合計額

これを各人ごとに計算し，合計したのが各人の課税価格の合計額である。

（注）令和6年1月1日以後の贈与については順次相続開始前7年以内に変更。なお加算期間が7年に延びたことにより100万円控除が創設された（194頁参照）。

◇**課税される遺産の総額の計算**

課税価格の合計額から基礎控除額を差し引いたものが，課税される遺産の総額（課税遺産総額）である。

各人の課税価格の合計額	−	基礎控除額 3,000万円＋600万円×法定相続人の数	＝	課税される遺産の総額

ここでいう法定相続人とは，相続の放棄があっても，その放棄がなかった場合の相続人をいう。民法上の法定相続人とは違うので注意を要する（民法上は放棄者は含まれない）。また，被相続人の子供の中に養子がいる場合，法定相続人の数に含める養子の数は，実子

がいる場合１人，実子がいない場合２人までという制限がある。

課税される遺産の総額が求められれば，被相続人の死亡から10ヵ月以内に相続税の申告を行う必要がある。

◇**相続税の総額の計算**

「課税される遺産の総額」を，法定相続分どおりに相続したものとみなして各人の課税価格を算出し，それに相続税の税率（超過累進税率）を適用して各人の仮の相続税額を求める。これを合計したものを「相続税の総額」という。

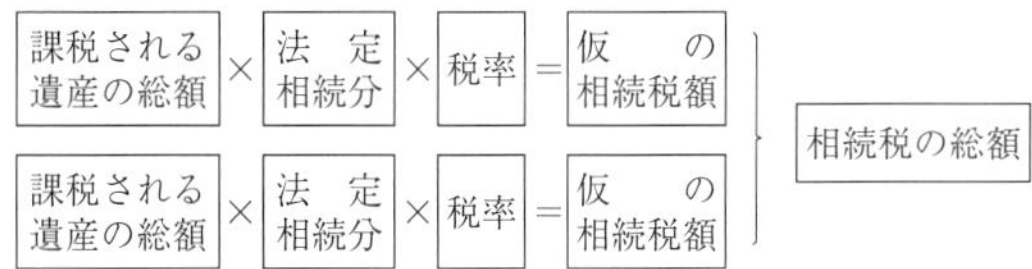

◇**各人の算出税額の計算**

各人の実際に相続した財産取得割合（小数点第２位で調整）に応じて「相続税の総額」を按分し，各人の算出税額を求める。

相続税の総額 × 各人の課税価格 / 課税価格の合計額（小数点第２位で全体が１になるように調整） ＝ 各人の算出税額

◇**各人の納付税額の計算**

各人の算出税額から，税額控除および加算を行い実際に納める相続税額（納付税額）を算出する。

各人の算出税額 ＋ 相続税額の２割加算 ＝ 各人の納付税額

－ 贈与税額控除
配偶者の税額軽減
未成年者控除
障害者控除
相次相続控除
外国税額控除
精算課税控除

相続税の速算表

各法定相続人の取得金額		税　率	控除額
	1,000万円以下	10%	——
1,000万円超	3,000万円以下	15%	50万円
3,000万円超	5,000万円以下	20%	200万円
5,000万円超	1億円以下	30%	700万円
1億円超	2億円以下	40%	1,700万円
2億円超	3億円以下	45%	2,700万円
3億円超	6億円以下	50%	4,200万円
6億円超		55%	7,200万円

8 相続税の計算例

◇要するに……

具体的な計算例を示すので，端数処理も含めて理解してほしい。

◇相続放棄のある場合

ケース

被相続人は２億円の財産を残して令和６年５月に死亡。相続人は配偶者と子供３人で，財産の２億円は次のように分割し，被相続人の債務800万円と葬式費用の200万円はすべて長男が負担した。なお，長女は相続を放棄。

配偶者　8,000万円

長男　１億円　次男2,000万円

父（被相続人）＝配偶者（52歳）
長男（25歳）　長女（23歳）（相続放棄）　次男（16歳）

⑴課税価格の合計額の計算

配偶者　8,000万円（千円未満の端数がある場合は切り捨てる）

長　男　１億円－800万円－200万円＝9,000万円（同上）

次　男　2,000万円（同上）

合計額　8,000万円＋9,000万円＋2,000万円＝19,000万円

⑵課税遺産総額の計算

19,000万円－（3,000万円＋600万円×４人）＝13,600万円

（４人↓相続放棄者も含む）

⑶相続税の総額の計算

配偶者　13,600万円×$\frac{1}{2}$＝6,800万円

6,800万円×30％－700万円＝1,340万円

長　男・長　女・次　男　13,600万円×$\frac{1}{2}$×$\frac{1}{3}$＝2,266.6万円（千円未満切捨）

2,266.6万円×15％－50万円＝289.99万円

1,340万円＋289.99万円×３人＝2,209.97万円（百円未満切捨）

⑷算出税額の計算

配偶者の取得割合　$\frac{8,000万円}{19,000万円}$＝0.4210→0.42

長男の取得割合　$\dfrac{9,000万円}{19,000万円}=0.4736\rightarrow0.47$

次男の取得割合　$\dfrac{2,000万円}{19,000万円}=0.1052\rightarrow0.11$

※相続税の総額の按分割合は，小数点第２位で調整し，合計が１になるようにする。

配偶者の算出税額　2,209.97万円×0.42＝9,281,874円（円まで）
長男の算出税額　2,209.97万円×0.47＝10,386,859円
次男の算出税額　2,209.97万円×0.11＝2,430,967円

⑸納付税額の計算

妻には配偶者の税額軽減が適用できる。その場合の軽減額は次式のとおり。

$$配偶者控除額＝相続税の総額\times\frac{\left.\begin{array}{l}①１億6,000万円か法定相続分の多い方\\②実際に取得した課税価格\end{array}\right\}\begin{array}{l}いずれか\\少ない方\end{array}}{課税価格の合計額}$$

①16,000万円＞19,000万円×$\frac{1}{2}$＝9,500万円　∴16,000万円
②8,000万円
①＞②　∴8,000万円　したがって，

$2,209.97万円\times\dfrac{8,000万円}{19,000万円}=9,305,136円$

ただし，配偶者の算出税額が限度となるため，その額は9,281,874円となる。

9,281,874円－9,281,874円＝０円

長男の場合の納付税額は，税額控除等が何もなければ，⑷で算出した税額（百円未満切捨）になる。(10,386,800円)

次男は未成年者（16歳）なので，未成年者控除（164頁参照）が適用できる（令和４年４月１日以後は適用年齢は18歳未満)。

2,430,967円－(18歳－16歳)×10万円＝2,230,967円→2,230,900円
（百円未満切捨）

なお未成年者控除は，年齢に端数がある場合は，納税者の有利になるように端数を切り捨てて計算する。例えば

16歳11ヵ月→16歳　10万円×（18歳－16歳）＝20万円
となる。

9 相続財産の評価方法

◇要するに……

相続税法には「相続または贈与により取得した財産の価額は，当該財産の取得の時における時価により……」と定められている。これが原則だが，時価の決定は難しく，実際には評価の基本原則や主な財産の具体的評価方法を「財産評価基本通達」で定めている。

◇土地等の評価

相続財産に占める割合は土地等の不動産が，約32.3%となっている（国税庁「令和４年分相続税の申告事績の概要」）。宅地の評価は，路線価方式または固定資産税倍率方式で評価する。

ただし，その形状や権利関係によりさまざまな軽減措置等が定められている。

建物は，基本的に固定資産税評価額による。

◇株式の評価

上場株式は時価による。ただし，相続開始の日の終値，その月，前月，前々月の月の毎日の終値の平均価格のうち最も低い金額とする。

取引相場のない株式については別途評価方法が定められている。

◇保険金の評価

死亡保険金は，法定相続人１人当たり500万円が非課税財産となるので，これを差し引いたものを相続財産に加える。保険事故の発生していない保険契約は生命保険契約に関する権利として評価する。

◇３年以内の贈与財産

相続や遺贈で財産をもらった場合，相続開始前３年以内に被相続人から贈与を受けていたものは，その多少にかかわらず相続税の課税対象となる。

なお，令和６年１月１日以降の贈与については，順次７年に延長される。

相続財産の評価方法

資産の種類			評価の概要
土地等（地目は現況による）	宅地		市街地　路線価 その他　固定資産税評価額×一定倍率
		貸宅地	宅地の評価額×（1－借地権割合）
		貸家建付地	宅地の評価額×（1－借地権割合×借家権割合×賃貸割合※）
	借地権		宅地の評価額×借地権割合 （借地権の慣行のある地域に限る）
	農地		純農地・中間農地 固定資産税評価額×一定倍率 市街地周辺農地 （宅地の評価額－造成費）×0.8 市街地農地 宅地の評価額－造成費
	山林		純山林・中間山林 固定資産税評価額×一定倍率 市街地山林 宅地の評価額－造成費
	宅地以外	貸地	土地の評価額－地上権等の権利の評価額
	宅地以外	地上権・永小作権等	土地の評価額×権利の期間の対応する割合
建物等	建物		固定資産税評価額×一定倍率 （一定倍率は現行1）
		貸家	建物の評価額×（1－借家権割合×賃貸割合※）
	構築物		（再建築価額－経過年数に応ずる償却費合計額〈定率法による償却〉）×0.7
株式	上場銘柄		㋐～㋓のうち最も低い金額 ㋐ 相続開始の日の終値 ㋑ その月の毎日の終値の月平均値 ㋒ その前月の毎日の終値の月平均値 ㋓ その前々月の毎日の終値の月平均値
	取引相場のない株式		類似業種比準価額・純資産価額・併用価額・配当還元価額
預貯金	固定性預貯金		預入残高＋既経過利息－源泉所得税等
	流動性預貯金		預入残高
保険	死亡保険金		死亡保険金＋配当金
	生命保険契約に関する権利		解約返戻金
ゴルフ会員権	取引相場のあるもの		通常の取引価格×0.7＋返還金額など
	取引相場のないもの		返還を受けることができる金額など

※一時的な空室は，賃貸されているものとして取り扱われる

10 土地の評価方法

◇要するに……

土地の価額は，①宅地，②田，③畑，④山林，⑤原野，⑥牧場，⑦池沼，⑧鉱泉地，⑨雑種地の地目ごとに評価する。地目については課税時期の現況によって判定する。ここでは宅地について解説する。

◇宅地の評価

倍率方式による場合は，固定資産税評価額に倍率を乗ずればよい。路線価方式の場合は，宅地の形状等に応じて調整率を適用して評価する。路線価は1㎡当たりの価額を表している。

〈路線価〉

路線価は，路線価図によって知ることができる。路線価図は税務署で閲覧することができるが，最近では国税庁のホームページでも確認できる。

評価方法は複雑なので専門家に委ねた方がよいが，基本的な知識は必要なので簡単なものを取り上げる。

〈算式〉

路線価×調整率×地積＝評価額

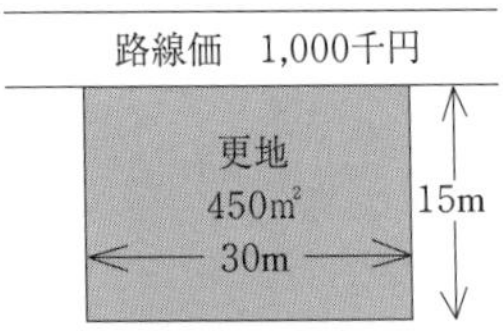

相続税評価額は路線価をもとに各種調整率を乗じて画地計算して求める。

①一方のみが路線に接する宅地の評価

更地の例だが，100万円の路線価のついた道路に面している。奥行が15mあるが，宅地は奥行が短かくても，長すぎても使いづらい。そこで奥行距離に応じて「奥行価格補正率」というものが設けられ，それにより計算する。

路線価　1,000千円

更地
450㎡
30m
15m

普通住宅地区

評価額

(路線価)(奥行価格補正率)(1㎡当たり評価額)
100万円×1.00＝100万円

(地積)　(評価額)
100万円×450㎡＝45,000万円

奥行価格補正率表

地区＼奥行距離 m	ビル街	高度商業	繁華街	普通商業併用住宅	普通住宅	工場 中小	工場 大
4未満	0.80	0.90	0.90	0.90	0.90	0.85	0.85
4以上 6未満		0.92	0.92	0.92	0.92	0.90	0.90
6 〃 8 〃	0.84	0.94	0.95	0.95	0.95	0.93	0.93
8 〃 10 〃	0.88	0.96	0.97	0.97	0.97	0.95	0.95
10 〃 12 〃	0.90	0.98	0.99	0.99	1.00	0.96	0.96
12 〃 14 〃	0.91	0.99	1.00	1.00		0.97	0.97
14 〃 16 〃	0.92	1.00				0.98	0.98
16 〃 20 〃	0.93					0.99	0.99
20 〃 24 〃	0.94					1.00	1.00
24 〃 28 〃	0.95				0.97		
28 〃 32 〃	0.96		0.98		0.95		
32 〃 36 〃	0.97		0.96	0.97	0.93		
36 〃 40 〃	0.98		0.94	0.95	0.92		
40 〃 44 〃	0.99		0.92	0.93	0.91		
44 〃 48 〃	1.00		0.90	0.91	0.90		
48 〃 52 〃		0.99	0.88	0.89	0.89		
52 〃 56 〃		0.98	0.87	0.88	0.88		
56 〃 60 〃		0.97	0.86	0.87	0.87		
60 〃 64 〃		0.96	0.85	0.86	0.86	0.99	
64 〃 68 〃		0.95	0.84	0.85	0.85	0.98	
68 〃 72 〃		0.94	0.83	0.84	0.84	0.97	
72 〃 76 〃		0.93	0.82	0.83	0.83	0.96	
76 〃 80 〃		0.92	0.81	0.82			
80 〃 84 〃		0.90	0.80	0.81	0.82	0.93	
84 〃 88 〃		0.88		0.80			
88 〃 92 〃		0.86			0.81	0.90	
92 〃 96 〃	0.99	0.84					
96 〃 100 〃	0.97	0.82					
100 〃	0.95	0.80			0.80		

②正面と側方に路線が接する宅地の評価

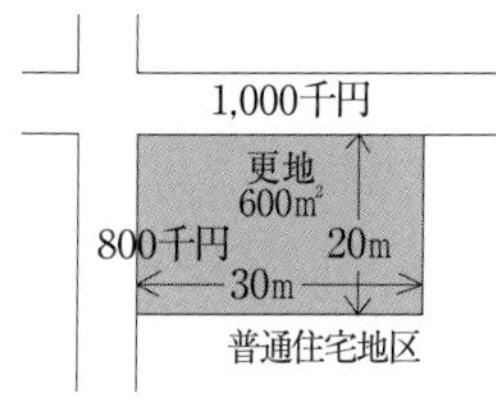

この場合は，２つの道路に面しているので使い勝手のよい土地ということができる。路線価に奥行価格補正率を乗じて求めた１m²当たりの価額が高い方を正面路線価とし，もう一方の路線価をもとに側方路線影響加算率をかけ，それを加えた正面路線価をもとに評価額を求める。

（正面路線価）（奥行価格補正率）
100万円×1.00＝100万円

（側方路線価）（奥行価格補正率）（側方路線影響加算率）
80万円×0.98×0.03＝2.352万円

（1m²当たり評価額）
100万円＋2.352万円＝102.352万円

（評価額）
102.352万円×600m²＝61,411.2万円

側方路線影響加算率表

地区	加算率 角地の場合	加算率 準角地の場合
ビル街地区	0.07	0.03
高度商業地区・繁華街地区	0.10	0.05
普通商業・併用住宅地区	0.08	0.04
普通住宅地区・中小工場地区	0.03	0.02
大工場地区	0.02	0.01

11 小規模宅地等の減額特例

◇**要するに……**

小規模宅地等の減額特例とは，相続財産のうちに，被相続人または被相続人と同一生計の親族の事業用または居住用になっていた宅地等がある時は，その宅地等のうち特定事業用は400㎡まで，特定居住用は330㎡まで，その他の宅地(特定特例対象宅地)を選択した場合は，200㎡までの部分について一定割合を減額するというものである。

◇**限度面積，減額割合**

	申告期限までの事業・居住継続の有無	限度面積(※2)(※3)	減額割合
事業用	継続	400㎡	80%
事業用	非継続	適用除外	
貸付用	貸付継続	200㎡	50%
貸付用	非継続	適用除外	
居住用	継続（※1）	330㎡	80%
居住用	非継続	適用除外	

※1　配偶者が取得または，同居親族が取得し引き続き居住等

※2　貸付事業用がある場合の適用対象面積

$$\text{特定事業用面積} \times \frac{200}{400} + \text{特定居住用面積} \times \frac{200}{330} + \text{貸付事業用面積} \leqq 200\text{㎡}$$

※3　特定事業用と特定居住用の併用の場合の適用対象面積

特定事業用面積≦400㎡，特定居住用面積≦330㎡

〈例　居住用の宅地の場合〉

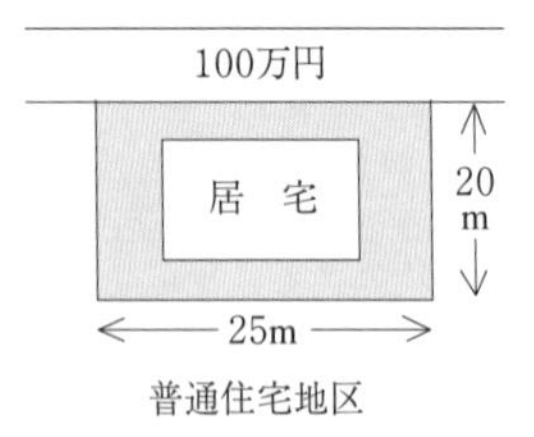

自用地としての評価

(路線価)　(奥行価格補正率)　(地積)　(自用地評価額)

100万円×1.00×500㎡＝50,000万円

配偶者等が取得した場合330㎡まで80%の減額特例が適用できる。

$$50{,}000\text{万円} - 50{,}000\text{万円} \times \frac{330\text{m}^2}{500\text{m}^2} \times 80\% = 23{,}600\text{万円}$$

（330m²までの軽減額）

この計算式だと分かりづらいと思われるので順を追って考えてみる。

330m²までの評価額

100万円×330m²×（1－80%）＝6,600万円………①

330m²を超え500m²までの部分の評価額

100万円×（500m²－330m²）＝17,000万円…………②

①＋②＝23,600万円

◇平成30年4月1日以後の相続等（平成30年税制改正）

平成30年4月1日以後の相続等から以下の点が改正された。

①特定居住用宅地等

持ち家に居住していない者に係る特定居住用宅地等の特例の対象者から次に掲げる者を除外する。

・相続開始前3年以内に，その者の3親等内の親族またはその者と特別の関係がある法人の所有する国内にある家屋に居住したことがある者

・相続開始時において，居住の用に供していた家屋を過去に所有していたことがある者

②貸付事業用宅地等

貸付事業用宅地等の範囲から次の宅地等を除外する。ただし，平成30年3月31日以前から事業の用に供している宅地等を除く。

・相続開始前3年以内に貸付事業の用に供された宅地等（相続開始前3年を超えて事業的規模で貸付事業を行っている者がその貸付事業の用に供しているものを除く）。

◇平成31年4月1日以後の相続等（平成31年税制改正）

相続開始前3年以内に事業の用に供された宅地等は，特定事業用宅地等から除外（その宅地等上の減価償却資産の価額がその宅地の相続時の価額の15%以上の場合を除く）する。

⑫貸宅地，借地権などの評価

◇要するに……

自用地以外の宅地および権利等の評価は，次のように行う。

貸　宅　地……宅地の評価額×（1－借地権割合）

貸家建付地……宅地の評価額×（1－借地権割合×借家権割合×賃貸割合）

借　地　権……宅地の評価額×借地権割合

◇貸宅地，貸家建付地の評価方法

路線価図には，借地権割合がABC……Gといったアルファベット記号により，原則として路線価の右脇に示されている。その割合は，次のとおり。

これにより，貸宅地等の評価を行う。

①貸宅地の評価

記号	借地権割合(%)
A	90
B	80
C	70
D	60
E	50
F	40
G	30

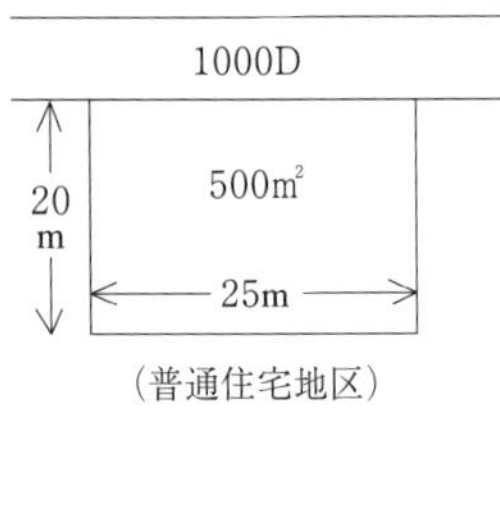

X氏はY氏に図の宅地に借地権を設定して賃貸し，Y氏はこの土地に自宅を建て居住している。X氏に相続が発生した場合の貸宅地としての評価額はいくらか。

路線価の右脇にDという文字がある。これは借地権割合60%を示している。また，路線価の金額の単位は1,000円である。

100万円×1.00×500㎡＝50,000万円……自用地評価額

50,000万円×（1－60%）＝20,000万円……貸宅地評価額

②借地権の評価

①の場合，Y氏に相続が発生した場合の借地権の評価

50,000万円×60%＝30,000万円

③貸家建付地の評価

①で示した宅地にX氏が貸家を建てて貸し付けている（空室なし）。この場合の貸家建付地としての評価はいくらか。

自用地評価額は50,000万円，借家権割合30％

50,000万円×（1－60％×30％）＝41,000万円

◇定期借地権の底地の評価方法

定期借地権の目的となっている底地の評価方法は，次のとおり。

①原則

次のいずれか低い方の金額（実務的には㋺が多い）

㋑自用地評価額－定期借地権の価額

㋺自用地評価額×（1－減額割合（注））

（注）減額割合

残存期間が5年以下のもの……………………………100分の5

残存期間が5年を超え10年以下のもの………………100分の10

残存期間が10年を超え15年以下のもの………………100分の15

残存期間が15年を超えるもの…………………………100分の20

②例外（一般定期借地権の底地C～G地区）

一般定期借地権の底地に限り，普通借地権割合（前頁参照）の異なる地域（C～G地域に限る）ごとに「一般定期借地権の底地割合」を定めて評価する。

（底地割合）

	借地権割合		底地割合
	路線価図	評価倍率表	
地域区分	C	70%	55%
	D	60	60
	E	50	65
	F	40	70
	G	30	75

一般定期借地権の目的となっている宅地の価額

＝自用地としての価額－自用地としての価額×｛（1－底地割合）×（課税時期におけるその定期借地権の残存期間に応ずる基準年利率の複利年金現価率 ／ 定期借地権の設定期間年数に応ずる基準年利率の複利年金現価率）｝

債務控除の対象となる金額は，預かった保証金の全額ではなく，相続発生時における定期借地権の残存期間年数に応じて異なる。

保証金等の額に相当する金額	×	課税時期における定期借地権の残存期間年数に応ずる基準年利率の複利現価率

13未上場株式の評価方法①

◇要するに……

未上場会社の株式は，上場企業のように取引相場が形成されていない。取引相場のない株式の評価は，従業員数，総資産価額（帳簿価額），取引金額の３要素を組み合わせた大会社，中会社，小会社の会社区分と株主持株割合の区分によって行う。

◇会社規模と評価方法

同族会社のオーナーおよびその一族であれば通常は原則的評価方法により評価する。また中会社と判定された会社は，中会社の大，中会社の中，中会社の小というように３区分し，併用方式のＬの割合（類似業種比準価額で評価する割合）を右下の図のようにする。

このほか土地保有特定会社や株式保有特定会社と判定されれば，その会社の株式はすべて純資産価額方式で評価することになる。

会社規模の判定区分

会社の規模		従業員数	総資産価額（帳簿価額）			年間の取引金額		
			卸売業	小売・サービス業	その他の事業	卸売業	小売・サービス業	その他の事業
大会社		70人以上	―	―	―	―	―	―
大会社		35人超	20億円以上	15億円以上	15億円以上	30億円以上	20億円以上	15億円以上
中会社	大	35人超	20億円未満 4億円以上	15億円未満 5億円以上	15億円未満 5億円以上	30億円未満 7億円以上	20億円未満 5億円以上	15億円未満 4億円以上
中会社	中	20人超	4億円未満 2億円以上	5億円未満 2.5億円以上	5億円未満 2.5億円以上	7億円未満 3.5億円以上	5億円未満 2.5億円以上	4億円未満 2億円以上
中会社	小	5人超	2億円未満 7,000万円以上	2.5億円未満 4,000万円以上	2.5億円未満 5,000万円以上	3.5億円未満 2億円以上	2.5億円未満 6,000万円以上	2億円未満 8,000万円以上
小会社		5人以下	7,000万円未満	4,000万円未満	5,000万円未満	2億円未満	6,000万円未満	8,000万円未満

会社規模の判定の仕方

第一次判定	従業員が70人以上ならば大会社
第二次判定	総資産価額と従業員で判定しどちらか低い方
第三次判定	第二次判定の結果と取引金額による判定のどちらか高い方

<table>
<tr><th rowspan="2">会社区分</th><th colspan="4">取得者区分</th><th rowspan="2">評価方法</th></tr>
<tr><th>同族グループ単位</th><th colspan="3">個人単位</th></tr>
<tr><td rowspan="6">同族株主のいる会社</td><td rowspan="5">同族株主</td><td colspan="3">取得後の議決権割合５％以上</td><td rowspan="4">原則的評価方法</td></tr>
<tr><td rowspan="4">取得後の議決権割合５％未満</td><td colspan="2">中心的な同族株主（※２）がいない場合</td></tr>
<tr><td rowspan="3">中心的な同族株主がいる場合（25％以上）</td><td>中心的な同族株主</td></tr>
<tr><td>役員</td></tr>
<tr><td>その他</td><td rowspan="2">特例的評価方法</td></tr>
<tr><td colspan="4">同族株主以外</td></tr>
<tr><td rowspan="5">同族株主のいない会社</td><td rowspan="4">議決権割合の合計が15％以上のグループに属する株主</td><td colspan="3">取得後の議決権割合５％以上</td><td rowspan="3">原則的評価方法</td></tr>
<tr><td rowspan="3">取得後の議決権割合５％未満</td><td colspan="2">中心的な株主（※３）がいない場合</td></tr>
<tr><td rowspan="2">中心的な株主がいる場合（10％以上）</td><td>役員</td></tr>
<tr><td>その他</td><td rowspan="2">特例的評価方法</td></tr>
<tr><td colspan="4">議決権割合の合計15％未満</td></tr>
</table>

※１　同族株主とは，株主の１人およびその同族関係者の有する議決権の合計数が，その会社の議決権総数の30％（筆頭株主が50％超の場合には50％超）以上である場合の当該株主およびその同族関係者をいう

※２　中心的な同族株主とは，同族株主のうち１人ならびにその株主の配偶者，直系血族，兄弟姉妹および一親等の姻族（持株関係会社を含む）の有する議決権の合計数がその会社の議決権総数の25％以上ある場合におけるその株主をいう

※３　中心的な株主とは，同族株主のいない会社の株主の１人およびその同族関係者の有する株式の合計数が，その会社の議決権総数の15％以上である株主グループのうち，いずれかのグループに単独でその会社の議決権の10％以上の株式を所有している株主がいる場合の当該株主をいう

〈評価方法の判定〉

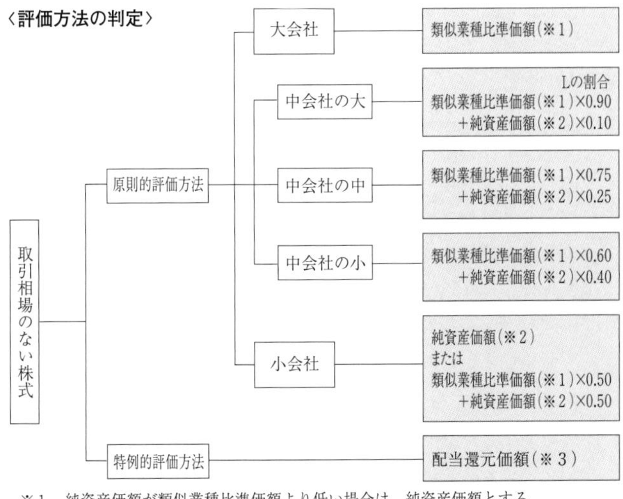

※１　純資産価額が類似業種比準価額より低い場合は，純資産価額とする
※２　同族株主等の持株割合が50％未満の場合は，「純資産価額×80％」とする
※３　原則的評価方法による価額が配当還元価額より低い場合は，原則的評価方法による価額とする

⑭未上場株式の評価方法②

◇要するに……

従業員数が70人以上など，大会社に分類された会社の株式は「類似業種比準価額」により評価する。ただし，納税義務者の選択により，1株当たりの純資産価額とすることもできる（財産評価基本通達179）。

◇類似業種比準価額方式の算式と計算例

$$A \times \left[\frac{\frac{Ⓑ}{B} + \frac{Ⓒ}{C} + \frac{Ⓓ}{D}}{3} \right] \times \begin{cases} 0.7(\text{大会社}) \\ 0.6(\text{中会社}) \\ 0.5(\text{小会社}) \end{cases}$$

A＝類似業種の株価（課税時期以前の3ヵ月間の各月平均株価，前年平均株価，課税時期以前2年間の平均株価）

B＝課税時期に属する年の類似業種の1株当たりの配当金額

C＝課税時期に属する年の類似業種の1株当たりの利益金額

D＝課税時期の属する年の類似業種の1株当たりの純資産価額（帳簿価額によって計算した金額）

Ⓑ＝評価会社の直前期末における1株当たりの配当金額

Ⓒ＝評価会社の直前期末以前1年間における1株当たりの利益金額

Ⓓ＝評価会社の直前期末における1株当たりの純資産価額（帳簿価額によって計算した金額）

（注）1株当たりの資本金の額$\left(=\frac{\text{直前期末の資本金額}}{\text{直前期末の発行済株式数}}\right)$が50円以外の金額の場合，上式で計算した金額に1株当たりの資本金の額の50円に対する倍数を乗じて計算

〈例〉次の大会社のオーナーは10万株の自社株を保有している。オーナーの持株にかかる相続税評価額はいくらか。（額面50円）

類似業種の株価A＝1,120円

評価会社の1株当たりの配当金額Ⓑ＝5円

〃　　　　　　利益金額Ⓒ＝20円

〃　　　　　　純資産価額Ⓓ＝500円

類似業種の1株当たりの配当金額B＝2.5円

〃　　　　　　利益金額C＝10円

〃　　　　　　純資産価額D＝250円

$$1{,}120\text{円} \times \frac{\frac{5}{2.5} + \frac{20}{10} + \frac{500}{250}}{3} \times 0.7 = 1{,}568\text{円}$$（1株当たりの評価）

1,568円×10万株＝15,680万円

◇中会社は類似業種比準価額と純資産価額の併用方式で評価

中会社の評価は併用方式である。

小会社については純資産価額で評価するが，納税義務者の選択によりLを0.50として併用方式で評価することも認められている。

純資産価額の計算は以下のとおり。

〔総資産価額（相続税評価額によって計算した額）－負債の合計額－評価差額に対する法人税額等相当額（注）〕÷課税時期における発行済株式数

（注）評価差額に対する法人税額等相当額＝（相続税評価額による純資産価額－帳簿価額による純資産価額）×37％

〈例〉類似業種比準価額と純資産価額

A社（大会社）の概要

資本金		1億円
額　面		50円
株式数		200万株
配　当		1割配当
法人所得		1億円
利益積立金		9億円
簿価総資産価額		15億円
土地・建物・株式以外	簿価	10億円
	相続税評価額	10億円
土地	簿価	1億円
	相続税評価額	30億円
建物	簿価	2億円
	相続税評価額	1億円
株式	簿価	2億円
	相続税評価額	10億円
債務		5億円
オーナーの所有割合		80％

〈純資産価額計算上の数値〉

・相続税評価額によって計算した金額

　10億円（土地・建物・株式以外）

　30億円（土地）

　1億円（建物）

＋）10億円（株式）

　計51億円

・負債の合計額　5億円

・評価差額に対する法人税額等相当額

（51億円－15億円）×37％

＝13.32億円

〈純資産価額〉

$$\frac{51億円-5億円-13.32億円}{200万株}$$

＝1,634円

〈類似業種比準価額〉

類似業種のデータ

A（株価）	498円
B（配当）	3円
C（利益）	30円
D（純資産）	180円

$$498円\times\left(\frac{\frac{5}{3}+\frac{50}{30}+\frac{500}{180}}{3}\right)\times 0.7$$

$$=498円\times\left(\frac{1.66+1.66+2.77}{3}\right)\times 0.7=707.6円$$

∴類似業種比準価額を採用した方が有利

※類似業種比準価額の計算上，配当落ち，配当期待権は考慮していない

15 未上場株式の評価と事業承継対策

◇要するに……

取引相場のない株式については，原則的には前項のように評価するが，この評価が適用されるのは同族会社のオーナーおよびその一族である。

同族株主のいる会社で同族株主以外の者や，同族株主のいない会社で持株割合が15％未満の株主等が取得した株式は，特例的評価方法である「配当還元価額」により評価することになっている。

配当還元価額の計算式

$$\frac{\text{株式にかかる年配当金額}}{10\%} \times \frac{\text{1株当たりの資本金等の額}}{50\text{円}}$$

年配当金額が２円50銭未満の場合は２円50銭

１株当たりの資本金等の額は直前期末の資本金等の額を発行済株式数で除した金額

◇いわゆる事業承継対策とは

金融機関や証券会社では，「事業承継対策」を非常に重視している。ここでいう事業承継対策を狭義でとらえると，被相続人の財産の中にある株式の評価が高額である場合の，評価の引下げ対策ということができる。

こうした例にあてはまるのが，未上場会社のオーナーの持つ自社株であるため，銀行や証券会社がその取引基盤強化のために重要視しているのである。

ただ，これまで紹介した評価方法を見ても分かるとおり，評価方法は複雑であり，専門家の協力を求めることなく事業承継対策に首を突っこむのはリスクが高い。

次頁に主な対策を挙げておくが，顧客に単独で対応する時には，世間話程度に止めておいた方が無難であり，顧客が対策を求めた時は，専門セクション，専門家につなぐことが肝要である。

事業承継対策一覧

株価の引下げ策	**(1)類似業種比準価額の引下げ策** ①無配，減配（㋑同族会社の留保金課税に注意　㋺特別配当・記念配当の利用） ②高収益部門の分離……１株当たり利益の引下げ（㋑分離した会社は事業承継者の出資割合が高いほど効果的　㋺分離により「中小会社」に転落しないよう注意が必要　㋩実行にあたっては従業員，取引先，取引金融機関に対する事前の打合わせ等も必要） ③低収益子会社の吸収合併……１株当たり利益の引下げ ④オーナーの退任による退職金の支給……１株当たり利益・１株当たり純資産額の引下げ
	(2)純資産価額の引下げ策 ①不動産の取得　②会社所有地の貸家建付地化　③低資産子会社の吸収合併
	(3)大会社への移行による評価額の引下げ策 ①従業員増による大会社への移行　②借入金の増加（総資産価額の増加）による大会社への移行　③子会社の吸収合併（総資産価額・取引金額の増加）による大会社への移行
自社株の移転策	**(1)事業承継者等への自社株の贈与** ①贈与税の基礎控除額を超えての贈与 ②贈与のタイミング（相続税評価額の低い時または評価額の引下げ策を実施した直後） ③贈与否認を受けないための留意点（㋐贈与契約書の作成　㋑株券を受贈者に交付する　㋒受取配当金は必ず受贈者が受領する　㋓納付すべき贈与税額がある時は必ず贈与税の申告・納付を行う　㋔株主名簿の書き換えを行う　㋕定款で株式の譲渡制限を定めている場合には，その株式の譲渡について取締役会の承認が行われた旨の議事録を作成する　㋖「法人税申告書別表二」に贈与後の株主名，株式数を記入する）
	(2)事業承継者への自社株の譲渡 ①みなし贈与認定を受けないよう注意　②譲渡のタイミング（相続税評価額の低い時または評価額の引下げ策を実施した直後）　③譲受者に購入代金があることが客観的に認められること
	(3)財産保全会社の設立と自社株の譲渡 ①金銭出資による新会社設立と現物出資による設立　②自社株の譲渡価額と課税関係に留意　③新会社の事業内容　④財産保全会社自体の株式価額の引下げも必要
	(4)従業員持株会の設立と自社株の譲渡 ①自社株譲渡の方法（第三者割当増資か経営者の持株放出） ②譲渡株価と従業員に対する課税関係に注意

16 生命保険金等の評価

◇要するに……

被相続人が保険料負担者かつ被保険者で，相続人が受取人の場合，相続税の対象となるが，法定相続人１人当たり500万円まで非課税となる。また，相続開始時においてまだ保険事故が生じていない生命保険契約に係る保険料を被相続人が負担していた場合の権利の評価は，解約返戻金である。

◇保険契約形態と税金

生命保険の契約形態（保険料負担者，被保険者，受取人）により死亡保険金にかかる税金は次のようになっている。

契約内容	契約例	税の種類	課税対象額
保険料負担者と被保険者が同一人の場合（受取人は誰でも同じ）	㊕－㊔－㊛ 夫－夫－妻 夫－夫－子	相続税	・受取人が相続人の場合 保険金－(500万円×法定相続人数) ・受取人が相続人以外の場合 保険金全額
受取人と保険料負担者が同一人の場合	㊕－㊔－㊛ 夫－妻－夫 夫－子－夫	所得税 (一時所得)	(保険金－正味払込保険料－50万円）×1／2
保険料負担者・被保険者・受取人がそれぞれ異なる場合	㊕－㊔－㊛ 夫－妻－子 夫－子－妻	贈与税	保険料－110万円

相続税に該当する場合，保険金額から次の非課税財産を差し引く(死亡退職金も同様である)。

$$\underset{\text{非課税限度額}}{\left(500\text{万円}\times\text{法定相続人の数}\right)}\times\frac{\text{その相続人が受け取った保険金額}}{\text{各相続人の受け取った保険金額の合計額}}=\text{その相続人の非課税金額}$$

※法定相続人には，相続放棄した人を含める。

〈保険金の非課税計算例〉

被相続人の死亡で,相続人は次のとおり生命保険金を受け取った。

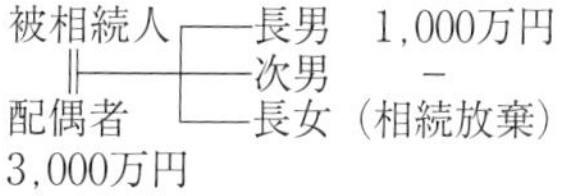

被相続人 ─┬─長男 1,000万円
‖ ├─次男 －
配偶者 └─長女（相続放棄）
3,000万円

①非課税限度額 500万円×４人＝2,000万円

②非課税金額

・配偶者 2,000万円×$\frac{3,000万円}{4,000万円}$＝1,500万円

・長男 2,000万円×$\frac{1,000万円}{4,000万円}$＝500万円

◇交通事故による損害賠償金

被相続人が交通事故によって死亡した場合に相続人が受け取る損害賠償金は，相続人が請求して取得するものであり，相続財産とはならない。

また，所得税法では，心身に加えられた損害について支払いを受ける慰謝料その他の損害賠償金および相当の見舞金は所得税が課税されないことになっており，結局，相続税も所得税もかからないことになる。

◇生命保険契約に関する権利の評価

生命保険契約に関する権利の評価は，解約返戻金の額で行われる。

●参考 生命保険契約に関する支払調書の取扱いの変更

支払調書について，平成30年１月１日から取扱いが変更された。従来は，１回の支払金額が100万円を超える保険金，解約返戻金を支払う場合や年間20万円以上の年金等を支払う場合に支払調書を税務署に提出するだけであったが，「死亡による契約者の変更」がこれらに加わり，さらに解約返戻金相当額が100万円以下の場合も提出することとなった。

17 相続財産から差し引ける債務・葬式費用等

◇要するに……

相続税の課税価格の計算式を見れば分かるように，相続財産から非課税財産と「債務・葬式費用」が差し引ける。

◇相続債務

相続または遺贈により財産を取得した人が，その相続に係る被相続人の債務（借入金，未払金，未納の租税公課など）を承継した場合は，相続税の課税価格の計算上，その相続により取得した財産の価額から債務の金額を控除することができる。

なお，相続債務が積極財産よりも多ければ，相続人が単純相続すると自分の負担でその債務を弁済しなければならないが，その相続債務の負担から逃れる方法として相続放棄と限定承認という２つの方法がある。

相続税の債務控除

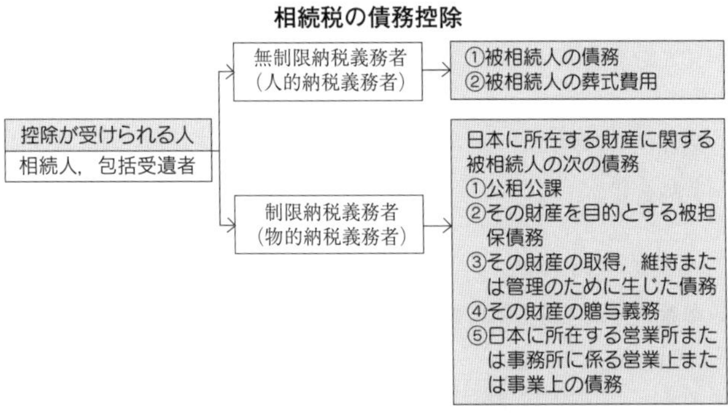

◇葬式費用

葬儀において相続人が葬儀や埋葬のための費用を負担した場合には，それが身分相応のものである限り，それらの費用を債務控除として取得した相続財産価額から控除することができる。

香典や弔慰金は葬式費用に充て，残りがあれば喪主が故人の意思や遺族の生活状態を考慮して社会事業団体に寄付するとか，将来の祭祀費用に回したりするが，葬式費用が全部香典などで賄われた場合であっても，債務控除として相続財産から控除できる。

⑴葬式費用になるもの

①葬式や葬送に際し，またはそれらの前に埋葬，火葬，納骨または遺がい，遺骨の回送などに要した費用（仮葬式と本葬式の両方を行った場合にはその両方に要した費用）

②葬式に際し施与した金品で，被相続人の職業，財産その他の事情等から見て相当額と認められるものに要した費用（例えば寺院に対する読経料，お布施など）

③通夜，本葬式における飲食接待に要した費用など葬式の前後に生じた出費で通常葬式に伴うものと認められるもの

④死体の捜索または死体の運搬もしくは遺骨の運搬に要した費用

葬式費用として控除できる金額は，必ずしも領収書その他によって支払いが証明できるものに限らないが，実務上はその支払日，支払先，支払目的などをなるべく詳細に記録しておくことが望ましい。

⑵葬式費用とならないもの

次に挙げるものは，葬式費用ではないので，差し引くことはできない。

①香典の返れい費用

②墓碑や墓地の買入費用または墓地の借入料

③初七日，四十九日などの法会のための費用

④医学上または裁判上の特別な処理のために要した費用

香典返しの費用が葬式費用とされないのは，香典が故人への贈与でなく遺族の悲しみを慰めるためと葬式費用の一部を負担し，喪主の負担を軽くするという相互扶助の精神に基づくものであることから，香典に対しては相続税，贈与税および所得税のいずれも課税されないことになっているからである。墓碑，墓地，仏壇等の買入費用はいずれも相続税が非課税とされていることと均衡を図るためのものである。

また，借入金で墓碑を購入した場合も，この借入金は債務控除の対象にはならない。

18 相続税の税額控除

◇**要するに……**

相続税の税額控除には，贈与税額控除，配偶者の税額軽減，未成年者控除，障害者控除，相次相続控除，在外財産に対する相続税額控除，精算課税控除がある。また，配偶者および一親等の血族以外の相続人の２割加算についても定められている。

◇**贈与税額控除**

相続開始前３年以内の贈与財産の価額が，相続税の課税価格に加算された場合には，その贈与財産にかかる贈与税は，その人の算出相続税額から控除することになる。これは相続税の課税価格に加算した贈与財産については，すでに贈与税が課税されているため，同一財産に対する二重課税を防止するためのものである。

$$\text{被相続人から贈与を受けた年分の贈与税額} \times \frac{\text{加算された贈与財産の価額}-\text{贈与税の配偶者控除額}}{\text{その年分の贈与税の課税価格}-\text{贈与税の配偶者控除額}}$$

＝控除される贈与税額

◇**配偶者の税額軽減**

相続人のうちに配偶者がいる時は，その相続が同世代間の財産移転であることや配偶者の遺産形成に対する寄与などを考慮して，遺産に対する配偶者の法定相続分相当額または１億6,000万円のどちらか多い方の金額まで非課税になるような税額軽減措置が設けられている。

算式

$$\text{相続税の総額} \times \frac{\left.\begin{matrix}\text{①Aの法定相続分相当額（1億6,000万円に満たなければ1億6,000万円）} \\ \text{②配偶者が実際に取得した財産の価額}\end{matrix}\right\}\text{いずれか少ない金額}}{\text{相続税の課税価格の合計額(A)}}$$

＝配偶者の税額軽減額

なお，法定申告期限内に分割ができなかった時は，この軽減措置を受けることはできない。この場合，相続税の申告の際，一定の書類を提出し，相続後３年以内に遺産分割し，分割後４ヵ月以内に更正の請求をすれば適用される。

◇**未成年者控除・障害者控除**

未成年の（法定）相続人（無制限納税義務者）が財産を相続した

場合には，18歳（令和４年３月31日までに相続開始の場合には20歳）に達するまで，１年につき10万円の税額が算出税額から控除することができる。

10万円×（18歳－未成年者の年齢）＝控除額

※未成年者の年齢に１年未満の端数がある時は，切り捨てる。

相続または遺贈で財産を取得した人（法定相続人かつ無制限納税義務者）が障害者である場合には，次の算式により計算した金額を，障害者の算出相続税額から控除することができる。

10万円※ ×（85歳－その障害者の年齢）＝控除額

※特別障害者の場合は，１年につき20万円。

これらの控除額は，未成年者・障害者の算出相続税額から控除するのが原則だが，算出相続税額が控除額より小さくて控除しきれなかった時は，その控除しきれなかった金額を，その扶養義務者の相続税額から控除することができる。

◇相次相続控除

相続や遺贈で財産をもらった人が，10年以内に死亡した場合には，相続税の負担を調整するため，２回目の相続で納める相続税の計算にあたって，前の相続において納税した金額の一定割合を控除することができる。

$$A \times \frac{C}{B-A} \times \frac{D}{C} \times \frac{10-E}{10} = \text{相次相続控除額}$$

A＝第２次相続にかかる被相続人が第１次相続により取得した財産につき課された相続税額（延滞税・利子税等は除く）

B＝第２次相続にかかる被相続人が第１次相続により取得した財産の価額

C＝第２次相続により相続人および受遺者の全員が取得した財産の価額の合計額

D＝第２次相続によりこの控除の対象となる者が取得した財産の価額

E＝第１次相続開始の時から第２次相続までの年数（１年未満の端数は切捨）

※① $\frac{C}{B-A}$ の割合が $\frac{100}{100}$ を超える時は $\frac{100}{100}$

②財産の価額とは，債務控除後の金額

19 相続税の申告と納税

◇要するに……

相続税の申告は，その相続の開始があったことを知った日の翌日から10ヵ月以内に，申告書を被相続人の住所地の所轄税務署長に提出して行う。なお，納税額のない人は，申告書の提出は必要ない。

ただし，配偶者の税額軽減または小規模宅地等の評価減を適用することにより納税額がゼロとなっても，申告書の提出が必要である。

◇申告書の提出期限

申告書の提出期限は，相続人が相続の開始を知った日（通常は死亡日）の翌日から10ヵ月以内だが，応当日が休日の場合はその翌日になる。例えば，２月10日に死亡した人についての相続税の申告期限は12月10日である。期限までに申告しなかった場合でも，税務署長から決定の通知があるまでは申告書を提出できる。

これを期限後申告といい，この場合申告書の提出期限が納期限になるが，本税のほか無申告加算税，延滞税が課税される。

◇納税

①相続税の納税

申告書提出期限までに金銭で一時に納付するのが原則である。

②相続税の延納

相続税額が10万円を超え，金銭で一時に納付することが困難な理由がある場合は，その困難とする金額を限度として担保を提供することにより，５年（不動産等が占める割合が相続財産の75％以上の場合は20年または10年，50％以上の場合は15年または10年の適用もある）以内の年賦延納を申請することができる。

この場合の延納利子税は，相続税額のうち不動産等の占める割合が50％以上か50％未満か，さらに延納税額が不動産の価額に対応する部分か否かにより異なる。具体的には，右頁の表のとおりとなる。また，各年の延納特例基準割合が7.3％に満たない場合には，特例割合が適用される。

延納の時に係る利子税

相続財産に占める不動産等の割合	延納税額の区分	最高延納期間	利子税率	特例割合
75%以上	不動産等に係る延納税額	20年	3.6%	0.4%
	動産等に係る延納税額	10年	5.4%	0.6%
50%以上75%未満	不動産等に係る延納税額	15年	3.6%	0.4%
	動産等に係る延納税額	10年	5.4%	0.6%
50%未満	延納税額	5年	6.0%	0.7%

（注）特例割合は次の算式により計算する。

$$利子税率 \times \frac{延納特例基準割合}{7.3\%}$$

※令和5年1月1日現在の延納特例基準割合0.9%
※0.1%未満の端数切捨

③相続税の物納

金銭一時納付や延納が困難な場合には，その困難な金額を限度として，その相続により取得した有価証券や不動産を相続税の納付に充てることができる。この制度を物納という。この場合には，原則として物納財産の相続税評価額が納付額となる。

物納を申請しようとする者は，相続税の納期限までに金銭納付を困難とする金額およびその困難とする事由，物納税額，物納に充てる財産の種類その他必要事項を記載した物納申請書に，物納手続関係書類を添付し，納税地の所轄税務署長に提出しなければならない。

平成18年4月1日以後の相続より，相続税の納期限までに物納手続関係書類を提出しなければならなくなった。

ただし，物納手続関係書類の全部または一部を物納申請書の提出期限までに提出することができない場合には，一定の書類を提出することにより最長で1年間（一度に延長できる期間は3ヵ月以内）提出期限の延長ができる。

20 贈与税の仕組み（一般贈与）

◇要するに……

贈与税法という税法はない。贈与税については相続税法に規定されており，相続税の補完税といえる。

贈与には「一般贈与」と「相続時精算課税」の２種類があり，どちらをとるかは選択である。どちらも110万円の基礎控除がある。暦年課税で，申告は２月１日から３月15日までに行う。

また，平成27年分の贈与から税率表が２種類となった。

◇贈与税の課税価格

課税価格は，１年間の贈与によってもらった財産のうち，課税の対象となるものの価額の合計額である。

〈贈与税がかからない場合〉

①法人からの贈与により取得した財産

贈与税は非課税だが，一時所得として所得税・住民税が課税される。

②扶養義務者から生活費や教育費として贈与を受けた財産

ただし，それを預金したり，株式，車等の購入費用に充てた場合は贈与税がかかる。

③特別障害者が贈与により取得した「特定障害者扶養信託契約」に基づく信託受益権（信託財産の価額）のうち6,000万円までの部分

④社交上必要と認められる香典，年末年始の贈答，見舞金など

◇贈与税の計算方法

贈与税の計算は，１月１日から12月31日までの１年間の贈与を受けた財産を合計して，そこから，基礎控除額110万円を差し引いた金額に税率をかけて計算する。

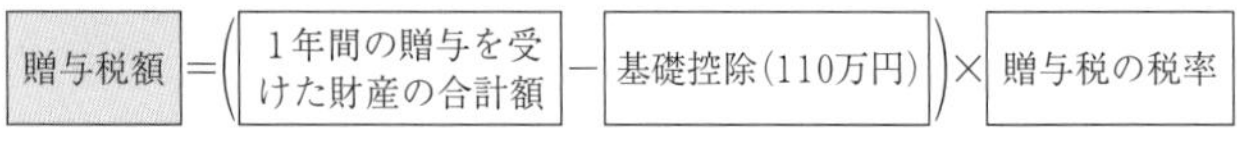

贈与税額
=
１年間の贈与を受けた財産の合計額
−
基礎控除（110万円）
×
贈与税の税率

ケース

18歳以上の人が令和６年８月に父から500万円，母から130万円の現金の贈与を受けた。贈与税額はいくらか。

基礎控除後の課税価格 （500万円＋130万円）－110万円＝520万円

贈与税額 520万円×20％－30万円＝74万円

贈与税額速算表

① 18歳以上の者が直系尊属から贈与を受けた場合（特例税率）

課税価格		税率	控除額
	200万円以下	10％	0円
200万円超	400万円以下	15％	10万円
400万円超	600万円以下	20％	30万円
600万円超	1,000万円以下	30％	90万円
1,000万円超	1,500万円以下	40％	190万円
1,500万円超	3,000万円以下	45％	265万円
3,000万円超	4,500万円以下	50％	415万円
4,500万円超		55％	640万円

※令和４年３月31日までの贈与について「18歳以上」は「20歳以上」となる

② ①以外の場合（一般税率）

課税価格		税率	控除額
	200万円以下	10％	0円
200万円超	300万円以下	15％	10万円
300万円超	400万円以下	20％	25万円
400万円超	600万円以下	30％	65万円
600万円超	1,000万円以下	40％	125万円
1,000万円超	1,500万円以下	45％	175万円
1,500万円超	3,000万円以下	50％	250万円
3,000万円超		55％	400万円

◇贈与税の特例（配偶者への居住用財産の贈与）

配偶者控除を利用すれば，基礎控除110万円と合わせて2,110万円までは贈与税がかからない。したがって，相続税の課税価格から確実に2,110万円分を減らすことができる。

〈適用要件〉

①婚姻期間が20年以上の配偶者からの贈与であること

②居住用不動産，またはそれを取得するための金銭の贈与であること

③贈与を受けた者が，その翌年３月15日までに居住し，その後も引き続きそこに居住する見込みであること

④贈与税の申告をすること

※この配偶者控除は，同一の配偶者からは１度しか受けることができない

21 贈与税の仕組み（相続時精算課税制度）

◇要するに……

平成15年の税制改正で相続と贈与の一体課税制度（相続時精算課税制度）が創設された。高齢者の保有する資産を次世代に円滑に移転させるための制度である。つまり，相続財産のリビングニーズ（生前給付）のようなものである。

◇相続時精算課税制度

相続時精算課税制度とは，生前贈与を行いやすくし，次世代に財産を早めに移すことを目的とした制度である。具体的には，60歳以上の父母，祖父母から，その推定相続人である子供または孫に財産を贈与した場合，2,500万円の特別控除枠を設ける。

また，特別控除枠を超えた部分の税率を金額にかかわらず，20%とする。ただし，この2,500万円の特別控除枠は，毎年2,500万円ではない。

この制度を受けた場合，贈与を受けた金額は，将来相続があった時に，相続税の課税対象となり，贈与時に支払った贈与税額がある時は外国税額控除後の相続税額から差し引かれる。

また，控除不足額がある場合には還付される。

〈贈与時〉

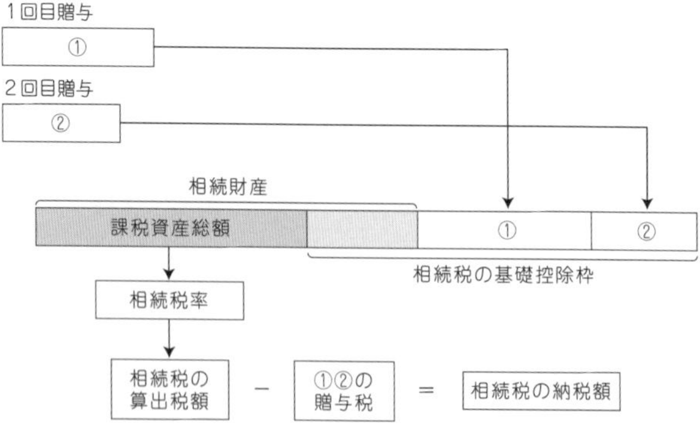

1回目贈与
①
2回目贈与
②
相続財産
課税資産総額
①
②
相続税の基礎控除枠
相続税率
相続税の算出税額 － ①②の贈与税 ＝ 相続税の納税額

◇基礎控除110万円の創設

相続時精算課税制度を選択している受贈者が，令和６年１月１日以後に贈与を受けて場合には，2,500万円の特別控除の他に，別途，基礎控除110万円を控除できる。この基礎控除110万円以下の贈与は，暦年課税と同様に申告不要。また，（特定）贈与者が死亡した場合に相続税の課税価格に加算される金額は，この基礎控除110万円を控除した後の残額となる。

◇適用手続き

この相続時精算課税制度の適用要件は下表のとおりである。

適用対象者	贈与者：贈与を受けた年の１月１日現在で60歳以上の父母，祖父母 受贈者：贈与を受けた年の１月１日現在で18歳以上（令和４年３月31日までの贈与については20歳以上）の推定相続人である子および孫（子がすでに死亡しており孫がいる場合，この孫についても適用）
適用対象財産	制限なし
適用手続き	最初の贈与の際の翌年２月１日から３月15日までに税務署に対し所定の届出書を提出すること

なお，いったんこの制度を選択したら，その親に相続が発生するまで継続してこの制度を適用しなければならない。

また，この制度は，父，母ごとに選択が可能である。したがって，父からは相続時精算課税制度，母からは一般贈与を選択することも可能である。なお，当然のことながら，夫から妻への贈与ではこの制度は使えない。

◇住宅取得資金にかかる相続時精算課税

令和８年12月31日までに，贈与により住宅取得等資金を取得した場合には，贈与者の年齢がその年の１月１日に60歳未満であっても一定の要件を満たせば相続時精算課税の適用がある。

22 住宅取得等資金贈与

◇要するに……

父母，祖父母から住宅取得資金を贈与された場合には，非課税枠が大きい。

ただし，あくまでも住宅取得のための金銭であり，不動産の贈与では適用がない。

◇住宅取得等資金の贈与の非課税

令和４年１月１日から令和８年12月31日までの間に，父母や祖父母などの直系尊属から住宅取得資金等の贈与を受けた者が，贈与を受けた年の翌年の３月15日までにその住宅取得資金を自己の居住の用に供する一定の家屋の新築もしくは取得または一定の増改築等をし，その家屋を同日までに自己の居住の用に供したとき，または同日以後遅滞なく自己の居住の用に供することが確実であると見込まれるときは，住宅取得等資金のうち，一定の金額について贈与税が非課税となる。

◇非課税限度額

耐震，省エネまたはバリアフリーの住宅用家屋	1,000万円
上記以外の住宅用家屋	500万円

◇**受贈者の要件**

①贈与を受けた時に贈与者の直系卑属（子または孫）であること。つまり，配偶者の父母または祖父母からの贈与は適用がない

②贈与を受けた年の１月１日に18歳（令和４年３月31日以前の贈与については20歳）以上であること

③贈与を受けた年の合計所得金額が2,000万円以下であること

④贈与を受けた年の翌年の３月15日までに住宅取得等資金の全額を充てて住宅用家屋の新築もしくは取得または増改築をすること

⑤贈与を受けた年の翌年の３月15日までにその家屋に居住すること。または遅滞なくその家屋に居住すると見込まれること（贈与を受けた年の翌年12月31日までにその家屋に居住しない時は修正申告)。つまり，最大，贈与を受けた年の翌年の12月31日までに居住する必要がある

◇**家屋の要件**

①床面積50㎡以上240㎡以下※

②登記簿上の建築日付が昭和56年12月31日以前の住宅用家屋については，新耐震基準に適合しているものであること

③床面積の２分の１以上がもっぱら居住の用

④新築，取得，増改築

※贈与を受ける年分の合計所得金額が1,000万円以下の場合には，家屋の床面積は40㎡以上240㎡以下となる。

◇**手続き**

一定の書類を添付した（期限内）申告書を提出する。

◇**他の規定との併用**

・暦年課税（基礎控除110万円），相続時精算課税（特別控除2,500万円）と併用可能

23 教育資金の一括贈与

◇要するに……

高齢者世代の保有する資産を若い世代への移転を促進させることにより，①子供の教育資金の早期確保を進め，多様で層の厚い人材育成に資すること，②教育費の確保に苦心する子育て世代を支援し，経済活性化すること――を目的として，教育資金を一括して贈与しても1,500万円まで非課税とする。

◇概要

期間	平成25年4月1日から令和8年3月31日までに拠出	
贈与者	直系尊属（父母，祖父母など）	
受贈者	30歳未満の子，孫等	
非課税金額	受贈者ごとに1,500万円（注）まで非課税。 （注）学校等以外のものに支払われたものについては500万円が限度	
手続き①	受贈者名義の金融機関の口座等に，教育資金を一括して拠出	
手続き②	教育資金の使途は，金融機関が領収書等をチェックし，書類を保管	
手続き③	受贈者が30歳となった時	残額（使い残し）があれば贈与税課税
	受贈者が死亡した時	贈与税は課税しない

◇教育資金の範囲

(1)学校等に対して直接支払われる次のような金銭

①入学金，授業料，入園料，保育料，施設設備費または入学（園）試験の検定料など

②学用品費，修学旅行費，学校給食費など学校等における教育に伴って必要な費用

(2)学校等以外に対して直接支払われる次のような金銭で社会通念上相当と認められるもの（500万円の非課税枠）

①下記の教育活動の指導の対価（月謝，謝礼，入会金など）として支払う費用や，施設使用料およびその活動で使用する物品の費用（指導を行う者の名前で領収書がでるもの）

- 学習（学習塾，家庭教師，そろばんなど）
- スポーツ（スイミングスクール，野球チームでの指導など）
- 文化芸術活動（ピアノの個人指導，絵画教室，バレエ教室など）
- 教養の向上のための活動（習字，茶道など）

②上記(1)②に充てるための金銭で，学校等が必要と認めたもの

なお，扶養義務者相互間で必要な都度支払われる教育費用については，現在でも贈与税は非課税。

◇平成31年税制改正

(1)所得制限

平成31年４月１日以後の信託から，受贈者（孫等）の信託等をする年の前年の合計所得金額が1,000万円超の場合は，適用がない。

(2)契約終了

令和元年７月１日以後に受贈者が30歳以上になった場合においては，契約終了日を，①30歳達するまでまたは，②30歳に達する日に学生等の場合には，卒業するまで（最大40歳）に変更する。

◇令和５年税制改正（受贈者が30歳に達した場合の贈与税率）

受贈者が30歳に達した場合の残額（未使用分）に対する税率は，一般税率（181頁参照）を適用する（令和5年4月1日以後に支払われる信託受益権）。

◇贈与者が死亡した場合の取扱い

信託期間中に贈与者が死亡した場合の残額（未利用分）の取扱いは，次のとおり信託締結日によって異なる点に注意。

信託締結日（注）	残額（未使用分）の相続時の取扱い
平成25年4月1日～平成31年3月31日	相続税の課税対象外
～令和3年3月31日	①贈与者の死亡前3年以内に行われた贈与で、 ②贈与者の死亡時に受贈者が23歳以上でかつ学生または教育訓練を受けている場合 以外のときは、残額（未使用分）を相続財産に加算する（相続税額の２割加算の対象外）。
～令和５年3月31日	贈与者の死亡時に受贈者が23歳以上でかつ学生または教育訓練を受けている場合 以外のときは、死亡時期にかかわらず、残額（未使用分）を相続財産に加算する。 なお、相続税額の２割加算の対象にもなる。
～8年3月31日	上記（～令和５年3月31日）の取扱い他下記を追加。 贈与者の課税価格が5億円超の場合には、受贈者が23歳未満であっても相続財産に加算する。

（注）信託締結日であり相続開始日ではない点に注意

24結婚・子育て資金の一括贈与

◇要するに……

少子化対策のため，若年層の経済的不安を解消し，結婚・出産を支援することを目的として結婚・子育て資金を一括贈与しても1,000万円まで非課税とする制度である。平成27年４月に創設。

◇概要

<table>
<tr><td>期間</td><td colspan="2">平成27年４月１日から令和７年３月31日までに拠出</td></tr>
<tr><td>贈与者</td><td colspan="2">直系尊属（父母，祖父母）</td></tr>
<tr><td>受贈者</td><td colspan="2">18歳以上50歳未満の子，孫等</td></tr>
<tr><td>非課税額</td><td colspan="2">受贈者ごとに1,000万円（注）まで非課税
（注）結婚費用は300万円までが非課税限度額</td></tr>
<tr><td>手続き①</td><td colspan="2">受贈者名義の金融機関の口座等に，結婚・子育て資金を一括して拠出</td></tr>
<tr><td>手続き②</td><td colspan="2">受贈者は払い出した金銭を結婚・子育て資金に充当したことを証明する書類を金融機関に提出</td></tr>
<tr><td rowspan="2">手続き③</td><td>受贈者が50歳となったとき</td><td>残額(使い残し)があれば贈与税課税</td></tr>
<tr><td>受贈者が死亡したとき</td><td>贈与税は課税しない</td></tr>
<tr><td>留意点</td><td colspan="2">信託期間中に贈与者が死亡した場合，残額は相続税の課税対象</td></tr>
</table>

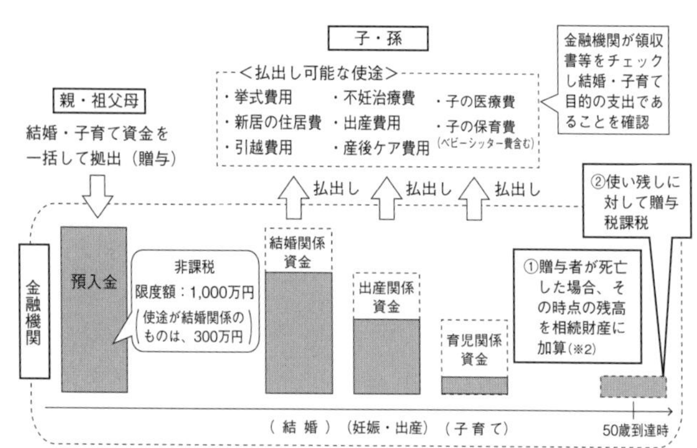

※1　金融機関とは，信託銀行，銀行および証券会社をいう
※2　相続税の計算をする場合，孫等への遺贈に係る相続税額の２割加算の対象としない

（財務省メールマガジンより）

◇**結婚・子育て資金の範囲**

結婚・子育て資金とは，内閣総理大臣が定める次に掲げる費用に充てるための金銭。

①結婚に際して支出する婚礼（結婚披露を含む）に要する費用，住居に要する費用および引越しに要する費用のうち一定のもの

②妊娠に要する費用，出産に要する費用，子の医療費および子の保育料のうち一定のもの

◇**注意事項**

①扶養義務者相互間で，必要な都度，結婚・子育て資金などを常識の範囲内で贈与することはもともと非課税である。

②教育資金一括贈与は，贈与者死亡時の残額は相続税の課税対象外とされたが，結婚・子育て資金の一括贈与では，贈与者死亡時の残額は相続税の課税対象とされる。ただし，２割加算の対象外である（令和３年４月１日以後の信託等により取得する信託受益権等から２割加算の対象となる）。

◇**平成31年税制改正**

平成31月４月１日以後の信託から受贈者（孫等）の信託等をする年の前年の合計所得金額が1,000万円を超えた場合には適用なし。

◇**令和5年税制改正（受贈者が50歳に達した場合の贈与税率）**

受贈者が50歳に達した場合の残額（未使用分）に対する税率は，一般税率（181頁参照）を適用する（令和5年4月1日以後に支払われる信託受益権）。

25生前贈与による相続税対策

◇要するに……

まず，生前に財産を贈与する場合に「一般贈与」にするか，「相続時精算課税制度」にするかを決める必要がある。

◇一般贈与と相続時精算課税制度の違い

①渡しきりと加算

一般贈与は，贈与した財産は渡しきりで，相続財産に加算されることは原則ない（相続開始前３年以内を除く（注））。しかし，相続時精算課税制度は，将来相続財産に加算される。

（注）令和６年１月１日からの贈与については順次７年間に変更

②大型贈与

一般贈与は，贈与税の基礎控除が年間110万円を超える贈与には贈与税が生ずる。しかし，相続時精算課税制度は，贈与者（例えば父）からの贈与財産が2,500万円を超えるまで贈与税は課税されない。

③贈与者，受贈者の制限

一般贈与については，贈与者および受贈者の年齢制限はない（一般的に意思行為のできる年齢である必要はある）。しかし，相続時精算課税制度は，贈与者の年齢が60歳（住宅取得資金の場合は令和８年12月31日までは年齢制限なし）以上，受贈者の年齢18歳（令和４年３月31日までの贈与については20歳）以上の年齢制限がある。

④贈与の変更

一般贈与から相続時精算課税制度への変更は可能であるが，一度，相続時精算課税制度を選択した場合には，一般贈与への変更はできない。

◇相続時精算課税制度の使い方

①相続税が課税されない場合

相続税が将来課税されないような人は，2,500万円まで贈与税の非課税があるのと同じである。生前に相続財産を贈与（2,500万円まで）しても，将来（精算時）も税金（相続税）が課税されない。

②住宅取得資金の援助

住宅取得資金の贈与は，贈与者の年齢制限がない。

③賃貸住宅の建物贈与

賃貸住宅の建物を贈与することにより，賃貸収入は子供の所得となる。したがって，親の所得税対策になり，また，子供にとっては，将来の相続税支払原資となる。ただし，借入金がある場合には，負担付き贈与の問題もある。

④争族対策

家督相続や事業承継の問題がある場合には，生前に後継者以外の人に財産の生前贈与をすることにより争いごとを少なくする。

<参考資料>

所得税額速算表

課税価格		税　率	控除額
	195万円未満	5%	0円
195万円以上	330万円未満	10%	9.75万円
330万円以上	695万円未満	20%	42.75万円
695万円以上	900万円未満	23%	63.60万円
900万円以上	1,800万円未満	33%	153.60万円
1,800万円以上	4,000万円未満	40%	279.60万円
4,000万円以上		45%	479.60万円

住民税の税額速算表（所得割）

課税所得金額	税　率
一律	10%

相続税の速算表

各法定相続人の取得金額		税　率	控除額
	1,000万円以下	10%	——
1,000万円超	3,000万円以下	15%	50万円
3,000万円超	5,000万円以下	20%	200万円
5,000万円超	1億円以下	30%	700万円
1億円超	2億円以下	40%	1,700万円
2億円超	3億円以下	45%	2,700万円
3億円超	6億円以下	50%	4,200万円
6億円超		55%	7,200万円

給与所得控除額

収入金額	給与所得控除額
162.5万未満	55万円
162.5万円以上　180万円未満	収入金額×40% − 10万円※
180　万円以上　360万円未満	収入金額×30% +　8万円
360　万円以上　660万円未満	収入金額×20% +　44万円
660　万円以上　850万円未満	収入金額×10% +110万円
850　万円以上	195万円

※マイナスなので注意

退職所得控除額

勤続年数	退職所得控除額
20年以下	40万円×勤続年数（最低80万円）
20年超	70万円×（勤続年数−20年）+800万円

贈与税額速算表

① 18歳以上の者が直系尊属から贈与を受けた場合（特例税率）

課税価格	税　率	控除額
200万円以下	10%	0円
200万円超　400万円以下	15%	10万円
400万円超　600万円以下	20%	30万円
600万円超　1,000万円以下	30%	90万円
1,000万円超　1,500万円以下	40%	190万円
1,500万円超　3,000万円以下	45%	265万円
3,000万円超　4,500万円以下	50%	415万円
4,500万円超	55%	640万円

② ①以外の場合（一般税率）

課税価格	税　率	控除額
200万円以下	10%	0円
200万円超　300万円以下	15%	10万円
300万円超　400万円以下	20%	25万円
400万円超　600万円以下	30%	65万円
600万円超　1,000万円以下	40%	125万円
1,000万円超　1,500万円以下	45%	175万円
1,500万円超　3,000万円以下	50%	250万円
3,000万円超	55%	400万円

公的年金等控除額

公的年金等収入	65歳未満の控除額		
	公的年金等以外の合計所得金額		
	1,000万円以下	1,000万円超 2,000万円以下	2,000万円超
130万円未満	60万円	50万円	40万円
130万円以上 410万円未満	年金収入×25% ＋27.5万円	年金収入×25% ＋17.5万円	年金収入×25% ＋7.5万円
410万円以上 770万円未満	年金収入×15% ＋68.5万円	年金収入×15% ＋58.5万円	年金収入×15% ＋48.5万円
770万円以上 1,000万円未満	年金収入×5% ＋145.5万円	年金収入×5% ＋135.5万円	年金収入×5% ＋125.5万円
1,000万円以上	195.5万円	185.5万円	175.5万円

公的年金等収入	65歳以上の控除額		
	公的年金等以外の合計所得金額		
	1,000万円以下	1,000万円超 2,000万円以下	2,000万円超
330万円未満	110万円	100万円	90万円
330万円以上 410万円未満	年金収入×25% ＋27.5万円	年金収入×25% ＋17.5万円	年金収入×25% ＋7.5万円
410万円以上 770万円未満	年金収入×15% ＋68.5万円	年金収入×15% ＋58.5万円	年金収入×15% ＋48.5万円
770万円以上 1,000万円未満	年金収入×5% ＋145.5万円	年金収入×5% ＋135.5万円	年金収入×5% ＋125.5万円
1,000万円以上	195.5万円	185.5万円	175.5万円

※65歳未満かどうかの判定は，その年12月31日（その納税者が年の中途において死亡または出国する場合は，その死亡または出国のとき）の年齢による

平成24年３月31日以前取得の償却率（一部抜粋）

耐用年数	平成19年３月31日以前取得		平成19年４月１日以後取得			
	旧定額法	旧定率法	定額法	定率法	改定償却率	保証率
2	0.500	0.684	0.500	1.000		
3	0.333	0.536	0.334	0.833	1.000	0.02789
4	0.250	0.438	0.250	0.625	1.000	0.05274
5	0.200	0.369	0.200	0.500	1.000	0.06249
6	0.166	0.319	0.167	0.417	0.500	0.05776
7	0.142	0.280	0.143	0.357	0.500	0.05496
8	0.125	0.250	0.125	0.313	0.334	0.05111
9	0.111	0.226	0.112	0.278	0.334	0.04731
10	0.100	0.206	0.100	0.250	0.334	0.04448
11	0.090	0.189	0.091	0.227	0.250	0.04123
12	0.083	0.175	0.084	0.208	0.250	0.03870
13	0.076	0.162	0.077	0.192	0.200	0.03633
14	0.071	0.152	0.072	0.179	0.200	0.03389
15	0.066	0.142	0.067	0.167	0.200	0.03217
16	0.062	0.134	0.063	0.156	0.167	0.03063
17	0.058	0.127	0.059	0.147	0.167	0.02905
18	0.055	0.120	0.056	0.139	0.143	0.02757
19	0.052	0.114	0.053	0.132	0.143	0.02616
20	0.050	0.109	0.050	0.125	0.143	0.02517
21	0.048	0.104	0.048	0.119	0.125	0.02408
22	0.046	0.099	0.046	0.114	0.125	0.02296
23	0.044	0.095	0.044	0.109	0.112	0.02226
24	0.042	0.092	0.042	0.104	0.112	0.02157
25	0.040	0.088	0.040	0.100	0.112	0.02058
26	0.039	0.085	0.039	0.096	0.100	0.01989
27	0.037	0.082	0.038	0.093	0.100	0.01902
28	0.036	0.079	0.036	0.089	0.091	0.01866
29	0.035	0.076	0.035	0.086	0.091	0.01803
30	0.034	0.074	0.034	0.083	0.084	0.01766
31	0.033	0.072	0.033	0.081	0.084	0.01688
32	0.032	0.069	0.032	0.078	0.084	0.01655
33	0.031	0.067	0.031	0.076	0.077	0.01585
34	0.030	0.066	0.030	0.074	0.077	0.01532
35	0.029	0.064	0.029	0.071	0.072	0.01532
36	0.028	0.062	0.028	0.069	0.072	0.01494
37	0.027	0.060	0.028	0.068	0.072	0.01425

耐用年数	平成19年３月31日以前取得		平成19年４月１日以後取得			
	旧定額法	旧定率法	定額法	定率法	改定償却率	保証率
38	0.027	0.059	0.027	0.066	0.067	0.01393
39	0.026	0.057	0.026	0.064	0.067	0.01370
40	0.025	0.056	0.025	0.063	0.067	0.01317
41	0.025	0.055	0.025	0.061	0.063	0.01306
42	0.024	0.053	0.024	0.060	0.063	0.01261
43	0.024	0.052	0.024	0.058	0.059	0.01248
44	0.023	0.051	0.023	0.057	0.059	0.01210
45	0.023	0.050	0.023	0.056	0.059	0.01175
46	0.022	0.049	0.022	0.054	0.056	0.01175
47	0.022	0.048	0.022	0.053	0.056	0.01153
48	0.021	0.047	0.021	0.052	0.053	0.01126
49	0.021	0.046	0.021	0.051	0.053	0.01102
50	0.020	0.045	0.020	0.050	0.053	0.01072

平成24年4月1日以後取得の定率法償却率（一部抜粋）

耐用年数	償却率	改定償却率	保証率
2	1.000	—	—
3	0.667	1.000	0.11089
4	0.500	1.000	0.12499
5	0.400	0.500	0.10800
6	0.333	0.334	0.09911
7	0.286	0.334	0.08680
8	0.250	0.334	0.07909
9	0.222	0.250	0.07126
10	0.200	0.250	0.06552
11	0.182	0.200	0.05992
12	0.167	0.200	0.05566
13	0.154	0.167	0.05180
14	0.143	0.167	0.04854
15	0.133	0.143	0.04565
16	0.125	0.143	0.04294
17	0.118	0.125	0.04038
18	0.111	0.112	0.03884
19	0.105	0.112	0.03693
20	0.100	0.112	0.03486
21	0.095	0.100	0.03335

耐用年数	償却率	改定償却率	保証率
22	0.091	0.100	0.03182
23	0.087	0.091	0.03052
24	0.083	0.084	0.02969
25	0.080	0.084	0.02841
26	0.077	0.084	0.02716
27	0.074	0.077	0.02624
28	0.071	0.072	0.02568
29	0.069	0.072	0.02463
30	0.067	0.072	0.02366
31	0.065	0.067	0.02286
32	0.063	0.067	0.02216
33	0.061	0.063	0.02161
34	0.059	0.063	0.02097
35	0.057	0.059	0.02051
36	0.056	0.059	0.01974
37	0.054	0.056	0.01950
38	0.053	0.056	0.01882
39	0.051	0.053	0.01860
40	0.050	0.053	0.01791
41	0.049	0.050	0.01741
42	0.048	0.050	0.01694
43	0.047	0.048	0.01664
44	0.045	0.046	0.01664
45	0.044	0.046	0.01634
46	0.043	0.044	0.01601
47	0.043	0.044	0.01532
48	0.042	0.044	0.01499
49	0.041	0.042	0.01475
50	0.040	0.042	0.01440

遺言の方式　（○必要　×不要）

区別	種類		民法	筆記人	署名押印	日付	証人	立会人	検認	確認
普通方式	自筆証書		968条	本人	本人	○	×	×	○	×
	公正証書		969条	公証人	本人 証人 公証人 証人	○	2名以上	－	×	×
	秘密証書		970条	本人がよい	本人 証人 公証人	○	公証人１名 証人２名以上 に提出	－	○	×
特別方式	危急時	一般危急	976条	証人	証人	○	３名以上	－	○	○
		遭難船中	979条	証人	証人	○	２名以上	－	○	○
	隔絶地	伝染病時	977条	誰でもよい	本人 証人 筆記人	○	１名以上	警察官	○	×
		船舶中	978条	誰でもよい	本人 証人 筆記人	○	２名以上	船長 事務員	○	×

相続財産を無償で残すために必要な生命保険（共済）金額 （単位：万円）

純財産額（基礎控除前の課税価格）	配偶者がいる場合				配偶者がいない場合			
	配偶者と子１人	配偶者と子２人	配偶者と子３人	配偶者と子４人	子１人のみ	子２人のみ	子３人のみ	子４人のみ
8,000	0	0	0	0	725	470	330	260
10,000	0	0	0	0	1,528	770	630	490
15,000	0	0	0	0	4,433	2,200	1,440	1,240
20,000	668	540	487	450	8,100	4,343	2,871	2,150
25,000	2,064	1,429	1,296	1,215	12,500	7,533	5,014	3,543
30,000	4,075	3,100	2,482	2,193	17,500	10,867	7,300	5,685
35,000	5,325	4,209	3,551	3,206	22,500	14,564	10,633	7,828
40,000	6,619	5,270	4,612	4,088	27,877	18,654	13,967	10,400
45,000	8,071	6,570	5,723	5,038	33,988	23,000	17,300	13,733
50,000	9,522	7,919	6,877	6,192	40,099	28,000	21,027	17,066
60,000	12,667	10,687	9,271	8,500	52,322	38,000	29,209	23,733
70,000	16,000	13,590	12,174	11,000	64,544	48,000	38,500	31,581
80,000	19,333	16,661	15,077	13,661	76,766	59,422	48,500	39,763
90,000	22,667	19,776	17,981	16,564	88,988	71,644	58,500	48,999
100,000	26,027	22,890	20,884	19,467	101,211	83,867	68,500	58,999
150,000	44,993	40,571	37,333	35,166	162,322	144,978	127,633	110,288
200,000	63,958	58,576	55,129	51,890	223,433	206,089	188,744	171,399

※配偶者の税額軽減を最大限適用した場合の数値

〔相続税額比較表〕

●配偶者あり

（単位：万円）

正味の遺産額	配偶者と子1人	配偶者と子2人	配偶者と子3人	配偶者と子4人	配偶者と子5人	配偶者と子6人
10,000	0	0	0	0	0	0
	385	315	262	225	188	150
16,000	0	0	0	0	0	0
	1,070	860	767	675	605	560
17,000	144	115	104	93	82	75
	1,220	975	880	787	695	635
18,000	304	244	221	200	179	162
	1,370	1,100	992	900	808	730
19,000	480	387	349	320	291	262
	1,520	1,225	1,105	1,012	920	830
20,000	668	540	487	450	413	376
	1,670	1,350	1,217	1,125	1,033	940
21,000	867	702	633	589	545	501
	1,820	1,475	1,330	1,237	1,145	1,052
22,000	1,075	873	787	736	686	635
	1,970	1,600	1,442	1,350	1,258	1,165
23,000	1,290	1,050	947	890	834	778
	2,120	1,725	1,555	1,462	1,370	1,277
24,000	1,513	1,233	1,117	1,050	988	927
	2,270	1,850	1,675	1,575	1,483	1,390
25,000	1,771	1,429	1,296	1,215	1,148	1,082
	2,460	1,985	1,800	1,687	1,595	1,502
26,000	2,046	1,662	1,492	1,385	1,313	1,242
	2,660	2,160	1,940	1,800	1,708	1,615
27,000	2,330	1,903	1,703	1,579	1,491	1,408
	2,860	2,335	2,090	1,937	1,830	1,727
28,000	2,623	2,151	1,920	1,779	1,686	1,594
	3,060	2,510	2,240	2,075	1,968	1,860
29,000	2,923	2,407	2,143	1,984	1,887	1,791
	3,260	2,685	2,390	2,212	2,105	1,997
30,000	3,229	2,669	2,371	2,193	2,093	1,993
	3,460	2,860	2,540	2.350	2,243	2,135
35,000	4,460	3,735	3,290	3,100	2,930	2,822
40,000	5,460	4,610	4,155	3,850	3,660	3,510
45,000	6,480	5,493	5,030	4,600	4,410	4,220
50,000	7,605	6,555	5,962	5,500	5,203	5,005
55,000	8,730	7,618	6,900	6,437	6,015	5,817
60,000	9,855	8,680	7,838	7,375	6,913	6,630
65,000	11,000	9,745	8,775	8,312	7,850	7,442
70,000	12,250	10,870	9,885	9,300	8,830	8,360
75,000	13,500	11,995	11,010	10,300	9,830	9,360
80,000	14,750	13,120	12,135	11,300	10,830	10,360
85,000	16,000	14,248	13,260	12,300	11,830	11,360
90,000	17,250	15,435	14,385	13,400	12,830	12,360
95,000	18,500	16,623	15,510	14,525	13,830	13,360
100,000	19,750	17,810	16,635	15,650	14,830	14,360

※1　配偶者が法定相続分（2分の1）まで相続した場合の子供の相続税額。ただし、正味の遺産額が30,000万円までの部分については、配偶者の税額軽減を最大限適用した場合の税額も　　で記入

●配偶者なし

（単位：万円）

正味の遺産額	子1人	子2人	子3人	子4人	子5人	子6人
3,000	0	0	0	0	0	0
4,000	40	0	0	0	0	0
5,000	160	80	20	0	0	0
6,000	310	180	120	60	0	0
7,000	480	320	220	160	100	40
8,000	680	470	330	260	200	140
9,000	920	620	480	360	300	240
10,000	1,220	770	630	490	400	340
11,000	1,520	960	780	640	500	440
12,000	1,820	1,160	930	790	650	540
13,000	2,120	1,360	1,080	940	800	660
14,000	2,460	1,560	1,240	1,090	950	810
15,000	2,860	1,840	1,440	1,240	1,100	960
16,000	3,260	2,140	1,640	1,390	1,250	1,110
17,000	3,660	2,440	1,840	1,540	1,400	1,260
18,000	4,060	2,740	2,040	1,720	1,550	1,410
19,000	4,460	3,040	2,240	1,920	1,700	1,560
20,000	4,860	3,340	2,460	2,120	1,850	1,710
21,000	5,260	3,640	2,760	2,320	2,000	1,860
22,000	5,660	3,940	3,060	2,520	2,200	2,010
23,000	6,060	4,240	3,360	2,720	2,400	2,160
24,000	6,480	4,540	3,660	2,920	2,600	2,310
25,000	6,930	4,920	3,960	3,120	2,800	2,480
26,000	7,380	5,320	4,260	3,380	3,000	2,680
27,000	7,830	5,720	4,560	3,680	3,200	2,880
28,000	8,280	6,120	4,860	3,980	3,400	3,080
29,000	8,730	6,520	5,160	4,280	3,600	3,280
30,000	9,180	6,920	5,460	4,580	3,800	3,480
35,000	11,500	8,920	6,980	6,080	5,200	4,480
40,000	14,000	10,920	8,980	7,580	6,700	5,820
45,000	16,500	12,960	10,980	9,080	8,200	7,320
50,000	19,000	15,210	12,980	11,040	9,700	8,820
55,000	21,500	17,460	14,980	13,040	11,200	10,320
60,000	24,000	19,710	16,980	15,040	13,100	11,820
65,000	26,570	22,000	18,990	17,040	15,100	13,320
70,000	29,320	24,500	21,240	19,040	17,100	15,160
75,000	32,070	27,000	23,490	21,040	19,100	17,160
80,000	34,820	29,500	25,740	23,040	21,100	19,160
85,000	37,570	32,000	27,990	25,040	23,100	21,160
90,000	40,320	34,500	30,240	27,270	25,100	23,160
95,000	43,070	37,000	32,500	29,520	27,100	25,160
100,000	45,820	39,500	35,000	31,770	29,100	27,160

※2　税額控除等は配偶者の税額軽減のみとして計算した

※3　早見表の税額は万円未満を四捨五入しているので、実際の税額とは若干の相違がある

相続に関する期間制限等（一般例）

	期間	内容
相続開始前	3年以内	生前贈与加算対象期間（令和6年1月1日以降順次7年間）
	1年間	遺留分算定の基礎となる財産に加算する贈与対象期間 ただし，相続開始前1年超でも加算する場合あり
相続開始後	7日以内	死亡届
	14日以内	取締役の変更登記（支店所在地は3週間以内）
	2ヵ月以内	被相続人白色申告者→相続人の青色申告承認申請
	3ヵ月以内	相続放棄・限定承認期限
	4ヵ月以内	・被相続人青色申告者→相続人の青色申告承認申請 ・準確定申告期限
	6ヵ月以内	根抵当権の債務者変更登記期限
	10ヵ月以内	・相続税申告期限（納期限） ・延納申請期限 ・物納申請期限 ┐ ・相続税の納税猶予の適用有無 ┘― 遺産分割が前提 ・国等に相続財産を贈与した場合の非課税の適用期限 ・小規模宅地等の減額特例においては，特定事業用宅地等（居住用宅地等）の80％減額を受ける保有継続事業継続等の適用期限
	1年以内	遺留分の侵害額請求期限
	2年以内	・保険金請求，ただし，保険約款では3年以内 ・国等に相続財産を贈与した場合の公益事業の用に供する期限（贈与を受けてから2年以内）
	3年以内	相続税の対象となる退職手当金の支給額確定期限
	3年10ヵ月以内	・未分割財産について配偶者の税額軽減の期限 ・小規模宅地等の減額特例を受ける場合の分割期限 ・相続税額の取得費加算の特例を受ける場合の譲渡期限
	法定納期限から5年	・減額更正・決定の期限，増額更正の期限 ・国税の徴収権の時効（平成16年以後の贈与税は，6年）
	法定納期限から7年	・仮装，隠ぺい等があった場合の増額更正期限および国税徴収権の時効
	10年経過	遺留分の侵害額請求の時効（相続開始を知らなかった場合）

相続税申告に必要な書類および請求先

主な書類		請求先
1. 相続関係の確認書面		
被相続人	・戸籍謄本（生まれてから亡くなるまでの分）	区・市役所等
	・除票	区・市役所等
相続人	・全員の戸籍謄本	区・市役所等
	・住民票の写し	区・市役所等
	・印鑑証明書	区・市役所等
その他	・遺言書	――
2. 相続財産関係		
土地	・住宅地図	――
	・公図・地積測量図	法務局
	・全部事項証明書（登記薄謄本）	法務局
	・固定資産税評価証明書	区・市役所（都税事務所）等
	・貸地・借地の場合は賃貸借契約書	保存契約書
	・路線価図・倍率表	税務署
建物	・全部事項証明書（登記薄謄本）	法務局
	・固定資産税評価証明書	区・市役所（都税事務所）等
有価証券	・上場株式・公社債・投資信託等の残高証明書	取引先証券会社等
	・取引相場のない株式 ㋑相続開始直前3期分の決算書・申告書 ㋺会社所有の土地・建物の評価資料	関係会社
預貯金等	・相続開始日の残高証明書	取引先金融機関
生命保険等	・生命保険金支払通知書	保険会社等
	・被相続人が保険料を負担していた契約の資料	保険証書等
退職金等	・弔慰金，退職金等の支払通知書	勤務先
事業用財産	・事業用財産の一覧表，確定申告書の控	保存申告書等
その他財産	・貸付金・未収地代・家賃等の収入明細	保存明細書等
債務	・借入金の残高証明書	取引先金融機関
	・未払税金の領収書（固定資産税・所得税・住民税等の納付書）	保存領収書等
	・預り敷金等	保存契約書等
葬式費用	・支払領収書・請求書	保存領収書等
	・支払日・支払先・支払金額等が分かるメモ	保存メモ
その他	・相続開始前３年以内の贈与財産の資料 ・贈与税申告書の控	保存申告書等
	・前回（10年以内）の相続申告書控	保存申告書等
	・相続時精算課税の適用を受けた財産の資料（贈与契約書，贈与税申告書の控）	保存申告書等 所轄税務所

奥行価格補正率表

地区区分 奥行距離 m	ビル街	高度商業	繁華街	普通商業併用住宅	普通住宅	工場	
						中小	大
4未満	0.80	0.90	0.90	0.90	0.90	0.85	0.85
4以上　6未満		0.92	0.92	0.92	0.92	0.90	0.90
6 〃　8 〃	0.84	0.94	0.95	0.95	0.95	0.93	0.93
8 〃　10 〃	0.88	0.96	0.97	0.97	0.97	0.95	0.95
10 〃　12 〃	0.90	0.98	0.99	0.99	1.00	0.96	0.96
12 〃　14 〃	0.91	0.99	1.00	1.00		0.97	0.97
14 〃　16 〃	0.92	1.00				0.98	0.98
16 〃　20 〃	0.93					0.99	0.99
20 〃　24 〃	0.94					1.00	1.00
24 〃　28 〃	0.95				0.97		
28 〃　32 〃	0.96		0.98		0.95		
32 〃　36 〃	0.97		0.96	0.97	0.93		
36 〃　40 〃	0.98		0.94	0.95	0.92		
40 〃　44 〃	0.99		0.92	0.93	0.91		
44 〃　48 〃	1.00		0.90	0.91	0.90		
48 〃　52 〃		0.99	0.88	0.89	0.89		
52 〃　56 〃		0.98	0.87	0.88	0.88		
56 〃　60 〃		0.97	0.86	0.87	0.87		
60 〃　64 〃		0.96	0.85	0.86	0.86	0.99	
64 〃　68 〃		0.95	0.84	0.85	0.85	0.98	
68 〃　72 〃		0.94	0.83	0.84	0.84	0.97	
72 〃　76 〃		0.93	0.82	0.83	0.83	0.96	
76 〃　80 〃		0.92	0.81	0.82			
80 〃　84 〃		0.90	0.80	0.81	0.82	0.93	
84 〃　88 〃		0.88		0.80			
88 〃　92 〃		0.86			0.81	0.90	
92 〃　96 〃	0.99	0.84					
96 〃　100 〃	0.97	0.82					
100 〃	0.95	0.80			0.80		

側方路線影響加算率表

地区	加算率	
	角地の場合	準角地の場合
ビル街地区	0.07	0.03
高度商業地区・繁華街地区	0.10	0.05
普通商業・併用住宅地区	0.08	0.04
普通住宅地区・中小工場地区	0.03	0.02
大工場地区	0.02	0.01

二方路線影響加算率表

地区	加算額
ビル街地区	0.03
高度商業地区・繁華街地区	0.07
普通商業・併用住宅地区	0.05
普通住宅地区 中小工場地区 大工場地区	0.02

間口狭小補正率表

地区＼間口距離 m	ビル街	高度商業	繁華街	普通商業併用住宅	普通住宅	中小工場	大工場
4未満	—	0.85	0.90	0.90	0.90	0.80	0.80
4以上　6未満	—	0.94	1.00	0.97	0.94	0.85	0.85
6 〃　8 〃	—	0.97		1.00	0.97	0.90	0.90
8 〃　10 〃	0.95	1.00			1.00	0.95	0.95
10〃　16 〃	0.97					1.00	0.97
16〃　22〃	0.98						0.98
22〃　28〃	0.99						0.99
28〃	1.00						1.00

地積区分表

地区区分＼地積区分	A	B	C
高度商業地区	1,000m²未満	1,000m²以上 1,500m²未満	1,500m²以上
繁華街地区	450m²未満	450m²以上 700m²未満	700m²以上
普通商業・併用住宅地区	650m²未満	650m²以上 1,000m²未満	1,000m²以上
普通住宅地区	500m²未満	500m²以上 750m²未満	750m²以上
中小工場地区	3,500m²未満	3,500m²以上 5,000m²未満	5,000m²以上

不整形地補正率表

地区区分	ビル街地区，高度商業地区，繁華街地区，普通商業・併用住宅地区，中小工場地区			普通住宅地区		
かげ地割合＼地積区分	A	B	C	A	B	C
10%以上	0.99	0.99	1.00	0.98	0.99	0.99
15% 〃	0.98	0.99	0.99	0.96	0.98	0.99
20% 〃	0.97	0.98	0.99	0.94	0.97	0.98
25% 〃	0.96	0.98	0.99	0.92	0.95	0.97
30% 〃	0.94	0.97	0.98	0.90	0.93	0.96
35% 〃	0.92	0.95	0.98	0.88	0.91	0.94
40% 〃	0.90	0.93	0.97	0.85	0.88	0.92
45% 〃	0.87	0.91	0.95	0.82	0.85	0.90
50% 〃	0.84	0.89	0.93	0.79	0.82	0.87
55% 〃	0.80	0.87	0.90	0.75	0.78	0.83
60% 〃	0.76	0.84	0.86	0.70	0.73	0.78
65% 〃	0.70	0.75	0.80	0.60	0.65	0.70

奥行長大補正率表

地区区分＼奥行距離/間口距離	ビル街	高度商業繁華街・普通商業併用住宅	普通住宅	中小工場	大工場
2以上　3未満	1.00	1.00	0.98	1.00	1.00
3〃　4〃		0.99	0.96	0.99	
4〃　5〃		0.98	0.94	0.98	
5〃　6〃		0.96	0.92	0.96	
6〃　7〃		0.94	0.90	0.94	
7〃　8〃		0.92		0.92	
8〃		0.90		0.90	

がけ地補正率表

がけ地地積/総地積	南斜面	東斜面	西斜面	北斜面
0.10以上　0.20未満	0.96	0.95	0.94	0.93
0.20 〃　0.30 〃	0.92	0.91	0.90	0.88
0.30 〃　0.40 〃	0.88	0.87	0.86	0.83
0.40 〃　0.50 〃	0.85	0.84	0.82	0.78
0.50 〃　0.60 〃	0.82	0.81	0.78	0.73
0.60 〃　0.70 〃	0.79	0.77	0.74	0.68
0.70 〃　0.80 〃	0.76	0.74	0.70	0.63
0.80 〃　0.90 〃	0.73	0.70	0.66	0.58
0.90 〃	0.70	0.65	0.60	0.53

遺産分割協議書の記載例

遺産分割協議書の書式は特に定まっているわけではないが，参考のために一つの記載例を示せば，次のとおりである。

※1　相続人のうちに未成年者がいる場合には，その未成年者については家庭裁判所で特別代理人の選任を受けて，その特別代理人が未成年者に代わって遺産の分割協議を行う必要がある。

※2　遺産分割協議書に押印する印は，その人の住所地の市区町村長の印鑑証明を受けた印を使用すること。

遺産分割協議書

被相続人朝日太郎（令和○○年一月二十八日死亡　住所　武蔵野市南北町四丁目八番地）の遺産については、同人の相続人の全員において分割協議を行った結果、各相続人がそれぞれ次のとおり遺産を分割し、取得することに決定した。

一　相続人朝日花子が取得する財産

(1) 武蔵野市南北町四丁目八番
　宅地　参百弐拾八平方メートル
(2) 右同所同番地　家屋番号八番
木造瓦葺平屋建　居宅　床面積九拾九平方メートル
(3) 右居宅内にある家財一式
(4) ○○電力株式会社の株式　壱千株
(5) 株式会社○○製作所の株式　壱千五百株
(6) ……………

二　相続人朝日一郎が取得する財産

(1) 株式会社朝日商店の株式　四万五千株
(2) ○○銀行○○支店の被相続人朝日太郎名義の定期預金
壱口　八百万円
(3) ……………

三　相続人朝日次郎が取得する財産

(1) 株式会社朝日商店の株式　四万株
(2) ○○信託銀行○○支店の被相続人朝日太郎名義の定期預金　壱口　参百五拾万円
(3) 洋画○○作「風景」ほか四点
(4) ……………

四　相続人夏野春子が取得する財産

(1) 国分寺市東西町五丁目六番
　宅地　八拾九平方メートル
(2) ○○社債　券面額　六百万円
(3) 現金　七拾万円
(4) ……………

五　相続人朝日一郎は、被相続人朝日太郎の次の債務を継承する

○○銀行○○支店からの借入金

右のとおり相続人全員による遺産分割の協議が成立したので、これを証するための本書を作成し、左に各自署名押印する。

令和○○年五月十四日

武蔵野市南北町四丁目八番地
相続人　朝日花子　印

武蔵野市南北町四丁目八番地
相続人　朝日一郎　印

武蔵野市南北町四丁目八番地
相続人　朝日次郎　印

三鷹市上下弐丁目五番地
朝日次郎の特別代理人　山野太郎　印

国分寺市東西町五丁目六番地
相続人　夏野春子　印

（相続税の申告のしかた：国税庁）

親族系統図　1～6親等

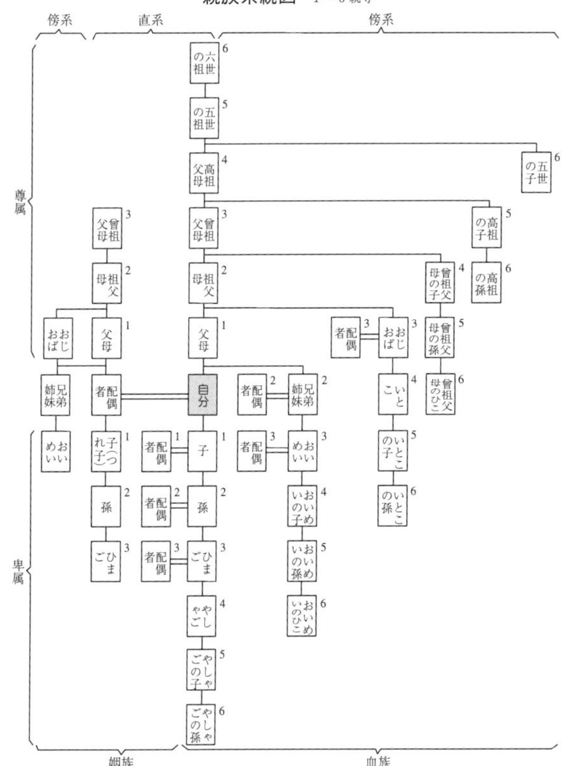

公正証書の作成手数料

目的の価額	手数料
100万円以下	5,000円
100万円超　200万円以下	7,000円
200万円超　500万円以下	11,000円
500万円超1,000万円以下	17,000円
1,000万円超3,000万円以下	23,000円
3,000万円超5,000万円以下	29,000円
5,000万円超　1億円以下	43,000円

以下超過額5,000万円までごとに
3億円まで13,000円　10億円まで11,000円
10億円超えるもの8,000円加算
※遺言手数料の場合は
目的の価額が1億円まで11,000円加算された金額になる

相続税の相続開始前の加算

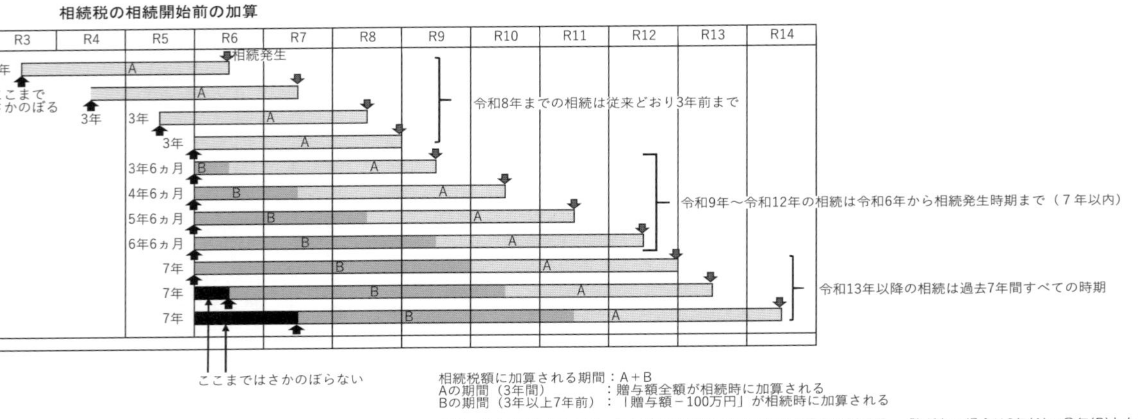

相続税額に加算される期間：A＋B
Aの期間（3年間）　：贈与額全額が相続時に加算される
Bの期間（3年以上7年前）：「贈与額－100万円」が相続時に加算される

要は、過去3年をさかのぼったときに令和6年1月1日を跨ぐ場合は3年(A)、跨がない場合は3年(A)＋○年(B)となる。

（出所）税理士法人柴原事務所作成の図に加筆して作成

<監修>
税理士法人　柴原事務所

2024　税金ポケットブック

2024版　2024年６月12日　初版

編　者　　㈱近代セールス社
発行者　　楠　真一郎

発行所　　㈱近代セールス社

〒165-0026　東京都中野区新井2-10-11ヤシマ1804ビル4F
電話(03)6866-7586　FAX(03)6866-7596

印刷　広研印刷㈱
製本　㈱新寿堂
ISBN978-4-7650-2396-2